오한기

소설가. 장편소설 『가정법』 『나는 자급자족한다』
『홍학이 된 사나이』, 중편소설 『인간만세』 『산책하기 좋은 날』,
소설집 『무료 주차장 찾기』 『바게트 소년병』 『의인법』 등을 썼다.

표지 그림 〈Nouveau dictionnaire encyclopédique
  universel illustré〉중에서 재구성
디자인 이지선

소설 쓰기 싫은 날

소설 쓰기 싫은 날

오한기
에세이

민음사

차례

0화 소설에 가까운 에세이 7
1화 눈곱을 떼는 꿈 해몽 10
2화 지름길은 없다 21
3화 분노는 나의 힘 33
4화 오한기가 접니다 46
5화 그럼 문학은 어떨까? 58
6화 역시 마음먹기에 달린 것 아닐까? 69
7화 내가 침입자보다 두려워하는 것 82
8화 소수 의견으로 남은 사람 94

9화	내가 쓰는 이야기가 어때서	103
10화	소설 쓰니까 잼나네	115
11화	당신은 멘탈 킹입니다	126
12화	뭔가 덫에 걸린 것 같은 느낌	139
13화	그때 누군가 발을 툭툭 쳤다	150
14화	우리는 참 운이 좋구나	162
15화	이래서 열린 결말은	174
16화	다 한순간이다	185
17화	나는 이제 당신 글을 읽지 않아	198

작가의 말 211

0화
소설에 가까운 에세이

『소설 쓰기 싫은 날』은 소설에 가까운 에세이다. 모든 게 사실이 아니지만 그렇다고 사실이 아닌 것은 없다. 현실을 기반으로 작성됐지만 현실을 현실이라고 믿는 건……

작업실에 들어오자마자 머릿속에 맴돌던 문장들을 노트북에 옮겨 쓰니 저절로 한숨이 나왔다. 그래서? 뭐 어쩌란 말인가…… 허기가 졌다. 서브웨이 샌드위치를 고르다가 마음이 바뀌어서 KFC에서 징거버거, 감자튀김, 코울슬로를 시켜 먹었다. 에세이를 쓰려고 한글 문서 창을 열었는데 아무것도 떠오르지 않아서 막막해졌다. 창밖을 보고 잠시 고독해하다가 다른 창을 켜고 로베르토 볼라뇨 20주기 『2666』 재출간 북 펀딩에 기고할 작품을 쓰기 시작했다. 「센시니」라는 단편에서 영감을 받은 짧은 소설인데, 청탁 메일을 읽는 즉시 작품이 머릿속에 그려져서 주저 없이 수락했던 게 기억난다. 제목은 똑같은 「센시니」. 작업을 하던 중 문득 「센시니」라는 소설을 쓰면서 「센시니」를 다시 읽어 보지 않는 건 예의가 아니라는 고리타분한 생각이 들었고, 『전화』가 성남 본가에 있다는 충격적인 사실이 떠올라서 좌절하다가 정지돈에게 『전화』를 빌려 달라는 메시지를 보냈다.

「센시니」 초고를 쓴 뒤 분량을 체크하고 이번에는 진짜 에세이를 써 보려고 폼을 잡다가 불현듯 에어컨 바람을 많이 쐬어서 답답하다는 생각이 들었다. 육교를 건너 효창공원 쪽으로 산책을 다녀왔다. 에세이는 여전히 손에 잡히지 않았다. 타개책을 고민하다가 답십리도서관 상주 작가로 일할 때 타고나길 좌중 앞에 서는 걸 두려워하지만 기획안을 준비하고 대본을 써 두니 신기하게도 아무렇지도 않았다는 걸 떠올리곤 에세이 기획안이라는 걸 짜 보기 시작했다.

 ─ 가제: 소설 쓰기 싫은 날
 ─ 로그라인: 제2의 센시니가 되지 않기 위한 소설가 오한기의 고군분투기

―주요 등장인물:

오한기―소설가

진진―와이프, 마케터

주동―딸, 유치원생

정지돈―소설가

주 주무관―9급 공무원

그 외 만나지 않고 통화를 하거나 메신저로 대화하는 지인들

1화
눈곱을 떼는 꿈 해몽

『산책하기 좋은 날』은 실화에 가까운 소설이다.

매니지먼트 소속 기획 작가인 오한기는 코로나로 인해 재택근무를 하다가 산책의 즐거움을 되찾게 된다.

소설을 한 문장으로 줄이면 대략 이런데, 작중 화자가 처한 상황 대부분은 현실에서 차용했다. 소설과 다른 건 실제 나는 기혼에 아이까지 있다는 것 정도? 그럼 크리스토퍼 놀란은? 이건 신비주의를 위해 밝히지 않도록 하지. 그나저나 크리스토퍼 놀란이 지난달 「오펜하이머」 때문에 내한했을 때 커피 한잔하자고 했는데 귀찮아서 답을 하지 않았다. 미안하지만 난 아직 분이 안 풀렸거든.

메모 어플을 들춰 보니 『산책하기 좋은 날』을 구상할 때 나는 화자에 대해 이렇게 평가했었네.

처음에는 그러려니 했는데, 반복되면 바보고, 또 반복되면 차라리 죽어라.

언젠가 『산책하기 좋은 날』을 읽은 독자에게서 메일을 받기도 했다. 요약하면 이런 내용이었다.

— 그렇게 산책이나 하면서 농땡이를 피우니까 잘리지.
내가 회신했다.
— 마지막 챕터를 읽어 보세요. 작중 화자는 해고당하지 않고 살아남았습니다.
독자가 소설 속 문장을 패러디해서 회신했다.
— 오한기가 이러니까 개새끼지.

*

『산책하기 좋은 날』과 디테일은 다르지만, 나는 독자의 바람과 달리 해고당하지 않고 살아남았다. 대신 조건이 달렸다. 월급 30퍼센트 삭감. 뭐, 괜찮아. 소설 열심히 써서 충당하지 뭐. 나는 오케이, 그러나 대신 출근하지 않게 해 달라고 역으로 제안했다. 회사 정책상 정규직이 아니라 계약직으로 계약할 수밖에 없다는 답이 돌아왔다. 난 정규직에 미련 없는 타입이라서 어찌 됐건 딜. 사장과 악수하는 장면을 상상했는데 메일로 통보받아서 아쉬울 따름이다.

오늘도 진진을 배웅하고 주동을 등원시킨 뒤 지하철을 탔다. 작업실에 도착할 때까지 「오피스」를 보는 게 요즘 루틴이다. 「포커 페이스」를 보려고 왓챠에 가입했다가 「리틀 드러머 걸」을 보기 시작했는데 나도 모르는 사이 「오피스」로 넘어 온 것이다. 열 번은 본 것 같은데 여전히 내 웃음 벨이다.

작업실 왕복 시간을 행복하게 만드느라 딱 출퇴근 시간만 「오피스」를 허락했는데 오늘따라 피곤해서 집중이 잘 되지 않는다. 주말 내내 주동의 유치원 발표를 돕느라 늦게 자서 피곤한 듯. 발표 주제는 어린이신문 기자로서 다른 나라를 소개하는 것. 주동은 시나모롤에 푹 빠져 있었고 시나모롤의 나라인 일본을 택했다. 이 사진 오려라 저 사진 프린트해라 지시를 하던 주동은 10시쯤 되니까 잠들었다. 진진은 보드를 꾸몄고 나는 대본을 썼다. 우리는 맡은 바 임무를 수행하며 아이 숙제는 부모 숙제라는 말에 공감했고, 뜬금없이 재정

상황에 대해 대화를 하다가 결국엔 결론 없이 차례로
잠들었다.

  졸았더니 피로가 풀렸다. 신용산역 용산소방서 방향으로
올라오니 여느 때처럼 10시 정도 됐다. 돌아가는 길이지만
풍경이 마음에 들지 않아서 도저히 다른 출구로는 나가지
못한다. 파스쿠치에서 아이스 아메리카노를 사서 작업실에
도착했다. 작업실 화이트보드에 이런 문장이 써 있었다.

오한기가 이러니까 개새끼지.

  독자가 이메일로 보낸 문장과 동일한 문장이라 소름이
돋았다. 악필인데 정지돈인가? 작업 공간이 없다고
징징거리길래 작업실 비번을 알려 줬더니 가끔 들르는
모양인데…… 언젠가 이런저런 메일을 받았다고 이야기한
것 같기도 하고…… 정지돈에게 메시지를 보내 이게
뭐냐고 물어보니 아직 일어나지 않았는지 회신이 오지
않았다. 아닌가? 임대인한테 화장실 레버 좀 고쳐 달라고
했더니 다녀간 수리 기사가 남긴 메시지인가? 그런데 수리
기사가 나를 안다고? 주방에는 와인 병이 나뒹굴고 있었고,
정지돈이 술에 취해 장난친 것 같다고 대수롭지 않게

생각하며 그 문장을 지운 뒤 다음과 같은 문장을 썼다.

Who are you?

노트북 앞에 앉아서 묘사 연습을 했다. 몇 번 말했지만 본격적으로 글을 쓰기 전에 몸을 푸는 나만의 의식이다. 작업실은 오피스텔 29층이고, 주방 딸린 원룸이고, 미닫이문을 닫으면 투룸으로 분리되는 효과도 있고, 바닥은 지저분한 똥색이고…… 작업실 내부는 따분해서 묘사하고 싶은 생각이 들지 않았다. 창밖으로 눈을 돌렸다. 저 멀리 서울역과 그 너머 안산이 보이고, 지상철로 위로 시도 때도 없이 기차가 지나다닌다.

29층은 애국가 같다.
기차는 석류 주스 같다.

29층은 성공, 기차는 실패. 나는 석류 주스를 석굴암으로 수정하고 나름 만족했는데 그 이유는 뭘까.

메일함을 열었다. 회사 내부 사정으로 볼라뇨 20주기 원고 마감이 미뤄졌다는 메일이 와 있었다. 원래 내일이 마감이었고 어차피 마감을 지킬 자신이 없었는데……
우는소리 하기도 전에 마감이 저절로 미뤄지는 상황. 이런 걸 운이 좋다고 하지. 며칠 전 덕지덕지 붙어 있는 눈곱을 깨끗이 제거하는 꿈을 꾼 게 떠오른다. 눈을 뜨자마자 눈곱을 떼는 꿈 해몽을 검색했다. 장애 요소와 방해자를 제거하여 막혔던 일들이 순조롭게 풀린다는 해몽을 보곤 설렜는데…… 이 꿈을 마감을 미루는 데 썼다는 게 조금 아쉽긴 하네.

팀장에게 출근 보고 메시지를 보냈더니 오늘 시나리오는 어느 정도 진행되는 거냐고 회신이 왔다. 해 봐야 알 것 같다고 하니 자신감을 가지라는 잔소리와 함께 어제 작업 분량에 대한 피드백을 곧 보낼 테니 수정하라고, 다만 기계적 수정은 지양하라고 회신이 왔다. 기계적 수정이 뭐냐고 하니까 작가로서 고집과 자존심을 지닌 채 작업에 임하라고 했다. 피드백을 반영하는 것과 작가로서 고집 혹은 자존심을 갖는 것이 논리적으로 연결이 되지 않았다. 이상하게 기분이 나빠졌다. 갑질하지 말라는 문자를 보내고 싶었는데 따지고 보면 애매해서 말았다. 무식한 새끼, 라는 말이 저절로 나왔고, 나이를 먹으니까 욕이 느는 것 같다는 자조 섞인 혼잣말도 나도 모르게 튀어나왔다.

요새 회사에서 맡은 업무는 공포 영화 시나리오를 쓰는 것이다.『산책하기 좋은 날』에도 썼던 공포 기획안이 영화진흥위원회 공모전에 당선돼 지원금을 받은 것이다. 물론 지원금은 회사 자산으로 잡히고, 내게 돌아오는 건 하나도 없었다. 우리는 작가치고 드물게 회사에 돈을 벌어다 주는 거라고 팀장은 말했다. 우리가 아니라 나 혼자 한 거라고 바로잡고 싶었지만 훈계를 들을까 봐 참았다. 어차피 팀장의 머릿속에서 모든 게 자신의 성과일 테니.

로그라인: 유명 시나리오 작가의 보조가 작업실의 초현실적인 비밀을 목격하고 감금되면서 벌어지는 이야기.

이게 당선된 영화인데, 이를테면 이장욱의 소설「이반 멘슈코프의 춤추는 방」식의 시대적 흔들림에서 착안한 것이다. 쓰면서도 문학적으로는 좋지만 영화적으로는 별로라고 생각했는데, 팀장이 내가 좋다고 생각하는 아이디어를 가지고 가는 족족 반려하는 것에 열이 받아서 내가 별로라고 생각하는 스토리에는 어떻게 반응할까 일종의 테스트를 해 본 것이었다. 그런데 이걸 팀장이 좋아하고, 또 사장이 칭찬하고, 연달아 영진위가 선발하고…… 소설가 오한기는 자신의 소설이 인기 없는 이유에 대해 새삼스럽게 깨닫게 되는데…….

 그사이 팀장의 피드백이 도착했다. 단숨에 읽었다. 오독한 걸까 봐 또 읽었고 잘못 본 걸까 봐 눈을 비비고 다시 읽었다. 하나의 이야기를 보고 이렇게 다르게 생각할 수 있을까. 모르겠다, 정말. 서사를 쓴다는 것이 무엇인지. 화가 난다기보다 허무했다. 노트북을 닫았다. 한동안 창밖 움직이는 행인들, 자동차들, 기차들을 보다가 얼음이 녹아 연해진 아이스 아메리카노를 마시며 언제쯤 따뜻한 아메리카노를 마시는 게 좋을지 고민했다. 그때 소속 배우 Uu에게 전화가 왔다.
 ─내가 대표님한테 한기 널 자르지 말라고 한 거야. 네가 시나리오를 잘 보니까.
 Uu가 거드름을 피웠다. 그런 의미로 시나리오를 보냈으니 검토하고 코멘트를 달라면서 말이다.

 진진은 내가 배우인 Uu와 연락하는 걸 신기해했지만, 나에게 Uu는 평균보다 좀 더 까탈스러운 임원 같은 느낌이라서 핸드폰에 그의 이름이 뜨면 스트레스부터 받았다. Uu는 내가 자신의 핸드폰 번호를 알고 있는 게 내게 영광이라고 생각하는 듯 번호를 유출시키면 고소할 거라는 농담을 하곤 했는데, 나는 그럴 때마다 Uu가 보는 앞에서 그 잘난 핸드폰 번호를 차단하는 상상을 했다. Uu는 내 조언을 듣고 출연을 결정한 영화로 지방 영화제 남우주연상을 수상한 뒤 나를 행운의 마스코트쯤으로 여기고 있는 듯했다. 문제는 Uu가 업무를 하달한 것 자체가 아니었다. 소속 배우들의 시나리오 검토도 내 업무니까 상관없었다. Uu는 팀장을 싫어해서 시나리오를 고를 때 팀장에게 쉬쉬하고 나에게 은밀히 연락을 해 왔는데, 이 지점이 문제였다. 팀장이 지시한 일은 일대로 하면서 또 다른 상사가 지시한 업무를 비밀리에 병행하는 월급쟁이는 이 세상에서 가장 저주받은 존재였다.

잠시 후 메신저로 워드 파일들이 날아왔다. 나는 미친 듯이 책상을 두드리고 욕을 퍼부은 뒤 인터넷에 Uu를 검색했다. 최근에 기부를 했다고 하는데 찬양 일색의 댓글들이 달려 있었다. 기사 속 Uu의 웃는 얼굴을 보니까 더 답답해져서 밖으로 나갔다.

*

오늘은 월요일이었다. 월요일마다 신용산역까지 걸어가서 쉑쉑버거를 먹고 아모레퍼시픽 사옥 인근에 있는 로또 명당 가판대에서 복권을 사는 게 루틴인데, Uu의 전화를 받은 뒤 스트레스를 받아서 남영동 매운 등갈비찜으로 선회했다. 캡사이신 때문에 거북했지만 매운 음식을 먹으니까 기분이 풀리는 느낌이 들었다. 작업실로 되돌아가는 길에 혹시 눈곱을 떼는 꿈이 복권 당첨을 암시하는 거였으면 어쩌지 후회가 됐다.

시간이 흐르자 속이 쓰리고 배가 불렀다. 까스활명수를 사 먹으려다가 최근 유독 자주 먹었다는 생각에 위기감이 들었다. 걸어서 소화시키는 게 좋을 것 같다는 생각에 대통령실 방면으로 빙 돌아 산책을 하려고 했는데 차도와 인도가 구분되지 않아서 더 불쾌해졌다. 성수동처럼 어수선한 분위기였는데 호기심도 들지 않는달까. 그래도 9월이 되니까 날이 선선해져서 다행. 전쟁기념관 쪽으로 걷다가 작업실로 가는 뒷길을 발견했는데 하필이면 쓰레기 처리장 근처라 냄새가 났다.

작업실에 와서 에어컨을 틀고 땀을 식힌 뒤 시나리오를 쓰기 시작했다. 생각보다 수월하게 써져서 기분이 좋았다. 한참을 방황하다가 삶을 포기하고 정착했는데 집값이 오르는 느낌이랄까. 한동안 몰입하고 있었는데 Uu에게 메시지가 왔다. 열다섯 개니까 하루에 세 개씩 일주일 내에 끝내자고, 너도 평일에 끝내야 주말에 쉬지 블라블라블라, 그리고 일을 마치면 술 한잔 거하게 사겠다는 내용. 예전에는 진짜 술을 사면 어쩌나 Uu와 저녁 시간을 보내는 것을 상상하며 스트레스를 받았는데, 몇 번 겪고 보니 이게 공치사라는 걸 알았고 이제는 아무렇지도 않았다. 퇴사하는 날 Uu에게 술을 사 달라고 조른 뒤 약속 장소에 나가지 않고 핸드폰 번호를 차단하는 걸 상상하다가 나도 모르게 웃었다. 그리고 이게 오늘 처음으로 웃은 거라는 걸 깨달았다.

Uu의 재촉에 하던 일을 접고 시나리오를 검토하기 시작했다. 첫 번째 시나리오는 전형적인 영화과 출신이 쓴 시나리오 같았고, 두 번째는 전형적인 영화 아카데미 출신이 쓴 시나리오 같았다. 그리고 세 번째 시나리오는 둘 다 아니었는데 전혀 짐작조차 하지 못할 의미에서 놀라웠다. 등장인물과 배경은 살짝 변형됐지만 나는 단번에 알아챌 수 있었다. 감방에 수감된 전직 대통령과의 펜팔, 바로 내 소설인 「펜팔」을 극화한 것이었다.

2화
지름길은 없다

 문제의 시나리오 제목도 「펜팔」이었다. 시나리오를 보며 여러 가지 감정이 들었다. 크게 두 가지 감정으로 정리된다. 하나는…… 내 작품이 시나리오로 쓰이다니 신기한데? 두 번째는…… 신기한 건 신기한 거고 말이야, 원작자한테 허락도 안 받고 이렇게 막 갖다 써도 돼? 그런데 다시 생각해 보면 아직 영화로 제작된 것도 아니고 시나리오일 뿐인데 뭐. 어디에서 투자받은 것도 아닌 것 같고. 투자받기 좋으라고 배우한테 찔러 보는 이런 시나리오가 워낙 많아야지. 그냥 시나리오만 쓴 건데 굳이 원작자 허락까지 받아야 하나 싶기도 하고 말이야. 안 그래?

 주 주무관한테 카톡을 보내 상황을 설명했더니

애매하다고 했다. 잠깐 소개하자면, 주 주무관은 내가 이렇게 사소한 일로 연락해도 진지하게 대꾸해 주는 유일한 친구다. 1을 보내면 10을 답해서 문제지만 말이다. 좀 더 설명하자면, 주 주무관은 고등학교 때부터 MBTI 추종자였고, 20년이 지난 지금까지도 MBTI 추종자다. 주 주무관은 그대로인데 세상이 변했달까. 그런데 세상은 앞으로 어떻게 바뀔까? 하나 분명한 건 주 주무관은 변하지 않을 것이다.

─ 뭐가 애매한데?

내가 물었다.

─ 한기 네가 지금 감정적으로 나오는 게 그 시나리오가 별로여서인 거 아니야? 네 소설 자체에 한계가 있는 거 아닐까 싶어. 내가 알기로 네 소설은 논리적으로 구성된 작품이 아니라서 극화하기에 무리가 따르는데 말이야.

─ 뭔 소리야? 내 소설을 허락도 받지도 않고 시나리오로 썼다니까?

─ 또, 또. 역시 INFP답게 감정적이야. 한기야, 감정적인 건 네 삶에 아무런 도움도 되지 않는다고 여러 번 충고했을 텐데.

주 주무관이 혀를 찼다.

─ 그건 대학교 때고. 요새 다시 해 봤는데 INTP 나왔다니까?

─그거 무료 검사지? 내 직관에 따르면 넌 변함없이 INFP가 분명해.

결국엔 여느 때처럼 대화 주제는 MBTI로 옮겨 갔고, 주 주무관은 자신이 MBTI에 몰입하는 게 추후 대작가가 되기 위해 인물 분석 연습을 하는 것이라고 했다. 주 주무관은 20년째 대작가 타이틀을 원하고 있지만 단 한 편의 소설도 쓰지 않았고, 나는 주 주무관이 언젠가 진짜 죽이는 걸작을 써 왔을 때 어떻게 대처해야 할지 상상만 해도 두려웠다.

─한기야, 내가 INTJ인 거 몰라?

─아는데 왜?

─INTJ는 100퍼센트 확신이 들 때 움직이거든. 완벽주의자적 면모지. 그런데 난 아직 내 소설에 대한 확신이 들지 않고 있어.

주 주무관이 단호하게 말했다.

─나도 20대 때 너처럼 INFP였던 거 알지? 내가 아직 INFP였다면 나도 그저 그런 소설가가 됐을 거야. 교과서에도 실리지 못하는 좆밥들 말이야. 그런데 난 부단한 노력을 통해 INTJ로 성장했다고.

주 주무관이 덧붙였다. 나는 살짝 기분이 나빠졌다. 이 친구, 대체 나를 어떻게 생각하는 걸까.

주 주무관과 전화를 마무리한 뒤 머리가 아파서 타이레놀을 먹었다. 두통 때문에 일주일에 두어 번씩 먹는데, 타이레놀을 계속 복용하면 어떤 부작용이 있는지 궁금했지만 두려워서 찾아보지 않는 중이다. 매트를 깔고 10분 정도 누워 있다가 INTJ처럼 감정을 뒤로한 채 「펜팔」 시나리오를 찬찬히 훑어봤다. 생각보다 나쁘진 않았지만 뭐 그렇다고 엄청 좋진 않았다. 길버트. 이게 「펜팔」의 시나리오를 쓴 회사였다. 인터넷에 검색했더니 아무런 정보도 나오지 않았다. 신생 영화제작사 같았다. 그때 팀장에게 작업은 잘 되고 있냐는 메시지가 왔다. 사장한테 보고할 게 필요한가 보군요. 그러니까 본인이 직접 일을 하라니까요. 이렇게 회신을 하려다 말고 한 시간 정도 미친 듯이 작업해서 시나리오를 보낸 뒤 시간을 보니 오후 4시. 또 미친 듯이 노트북을 챙겨서 주동을 픽업하기 위해 지하철에 고단한 몸을 실었다.

아파트 후문에 도착해서 잠깐 주동의 친구 엄마와 수다를 떨다 보니 유치원 버스가 왔다. 버스 창에 비치는 주동의 표정이 어딘지 모르게 어두워 보였다. 표정을 보면 주동의 오늘 하루가 어땠는지 대충 짐작할 수 있었지만 언제나 내 예상은 99퍼센트 틀린다. 주동은 보통 룰루랄라 즐겁고 행복하다. 잠깐 슬퍼도 룰루랄라. 버스에서 내리는 주동을 맞이했다. 주동은 룰루랄라 콧노래를 부르며 내 손을 잡고 단골 무인 문구점으로 들어갔다. 주동은 장난감 아이쇼핑을 하느라 정신이 없었고, 나는 포켓몬 카드를 훔쳐 간 초등학생들의 모습이 찍힌 CCTV 캡처와 경고문을 보면서 어떻게 CCTV만으로 그 얇은 카드 수량을 체크할 수 있는지 궁금했다. 차라리 출근해서 상주하고 있다면 포켓몬 카드 절도가 줄지 않을까. 이게 다 재테크 투잡 쓰리잡 열풍의 부작용 아닐까. 서울의 캐치프레이즈를 서울 마이 소울(Seoul My Soul)이 아니라 서울 마이 세컨드잡(Seoul My Second job) 따위로 바꾸는 게 어떨까……. 아니다, 라임이 안 맞잖아. 이런저런 생각을 하고 있을 때 주동이 꼭 사고 싶은 게 있다고 말했다. 집에 가서 아이스크림을 먹자고 꾀었는데도 오늘따라 주동은 고집을 부렸다. 주동이 고른 건 『마법의 고민 해결 책』이라는 4000원짜리 소형 책자였다. 훑어보니 어느 고민에도 해당이 될 애매모호한 명언을 페이지마다 적어 놓은 책자였다. 『마법의 고민 해결 책』 표지에는 다음과 같이 쓰여져 있었다.

This is a sort of solution.
This could be the answer to all our problems.

내가 다음에 사 준다고 얼버무리자, 주동은 3년 전부터 여기에 드나들며 이 책을 사고 싶었다고 금방이라도 울 것 같은 표정을 지었다.

—그때도 아빠가 짠돌이라 못 샀단 말이야.

주동이 말했다.

주동아, 우리 3년 전에는 자양동에 살았고 너는 글자를 읽지도 못했는데…… 나는 반박하려다가 에휴 4000원인데 뭐 되뇌면서 키오스크에 『마법의 고민 해결 책』 바코드를 찍고 결제했다.

—아빠 최고!

주동이 외쳤다.

집에 와서 주동은 선글라스를 끼고 마법사 머리띠를 한 뒤 내게 고민이 뭐냐고 물어봤다.

—음, 주동이가 너무 아빠 말을 안 듣는 거?

내가 말하자 주동이 나를 흘겨보며 『마법의 고민 해결 책』을 펼쳤다. 주동이 더듬더듬 읽었다.

—경청하라.

확인해 보니 진짜 그렇게 적혀 있었다. 맞아, 내가 주동이 말을 안 듣는다고 느끼는 건 주동의 요구와 나의 해석이 다르기 때문이 아닐까? 난 주동의 입장에서 주동의 이야기를 경청할 필요가 있어. 불현듯 이 책자를 만든 사람이 엄청난 천재라는 생각이 들었고 나는 고개를 절레절레 저었다.

— 또? 또, 무슨 고민이 있는데?

주둥이 졸랐다.

— 글쎄, 뭐가 있을까…….

— 빨리 빨리.

— 음…… 누가 아빠 소설을 훔쳐 갔는데 어떻게 해야 돼?

내가 물었다.

— 기다려 봐.

주둥이 책을 펼쳤다. 나도 모르게 가슴이 두근거렸다. 주둥이 답했다.

— 지름길은 없다.

지름길은 없다. 어떤 뜻일까. 쉽게 해결되진 않을 테니 일단 부딪혀 보라는 의미일까. 그래, 내가 머리로만 생각하려는 경향이 있지. 그러니까 땀 흘리며 노력해 보라는 뜻? 나는 노력하고는 거리가 먼데. 이날 이때까지 재능 하나로 작업실 29층까지 올라왔단 말이다. 이 정도 레벨의 작가가 되기가 얼마나 힘든 줄 알아? 8평, 보증금 2000에 월세 100! 내돈내산!

*

지름길은 없다. 아침에 일어나서도 이 문장이 계속 머릿속에 맴돌았다. 진진을 배웅한 뒤 주동을 유치원 버스 태우는 곳에 데리고 갔다. 유치원에 장난감을 가져가지 않는 게 룰이었는데, 『마법의 고민 해결 책』을 유치원에 가져간다고 징징거리는 주동을 말리다가 결국 승리.

— 아빠, 진짜 잃어버리면 혼난다.

주동이 버스에 오르며 엄포를 놓았다.

『마법의 고민 해결 책』을 가방에 욱여넣은 뒤 작업실로 출근했다. 오늘도 먼 길로 돌아갔는데, 지름길은 없다, 라는 문장이 내 행위의 비경제성을 정당화시켜 줘서 발걸음이 가벼웠다. 작업실 문을 열고 에어컨을 켰다. 땀을 식히면서 지름길 생각을 하느라 커피를 사 오지 않았다는 걸 깨닫고 절망했다. 그제야 화이트보드가 눈에 들어왔다.

Who are you?

나? 10년 뒤 오한기. 오한기는 여전히 개새끼.

정지돈한테 장난이 너무 심하다고, 그렇게 할 일이 없냐고 문자를 보내려다가 문득 진짜 10년 뒤 나일지도 모른다는 생각이 들었다. 화이트보드에 적혀 있던 대화를 지우개로 지운 뒤 다시 이렇게 썼다.

10년 후 오한기는 행복해?

팀장에게 출근 보고를 한 뒤 노트북을 열고 묘사 연습을 하며 몸을 풀었다.

29층은 INFP다.
29층은 지름길이다.

이메일을 열었다. 느낌이 안 좋은데…… 팀장의 피드백을 지금 클릭할까 좀 이따 할까 고민하다가 클릭했다. 어김없이 피드백을 읽다가 열이 받았다. 특히 주인공 애인의 직업을 증권사 대리에서 주임으로 수정하라는 지시에 피가 솟구쳤다. 대체 둘의 차이가 뭔지 따지고 싶었지만 참았다. 콜라를 벌컥벌컥 마시며 화를 식히다가 서가에 『전화』가 꽂혀 있는 걸 보고 정지돈한테 잘 보겠다는 텔레파시를 보낸 뒤 「센시니」를 읽었다.

「센시니」를 읽다 보니 「펜팔」은 「센시니」에게 보내는
무의식적인 찬사라는 생각이 들었다.

 「센시니」를 읽고 나서 잠깐이지만 글을 쓴다는 행위가
사랑스럽게 느껴졌다. 그 탓인지 오늘 분의 시나리오는
금세 다 썼다. 에너지가 고갈되고 허기가 졌다. 전쟁기념관
맞은편에 있는 중국집 '주사부'로 향했다. 간짜장을
시키려다가 충동적으로 특밥을 주문했다. 잘게 다진
돼지고기와 새콤하고 매콤한 소스가 올라간 시그니처
메뉴이다. 후추 향이 많이 났지만 나름 먹을 만했다.
주사부에 오면 늘 고민되는 게 탕수육을 시킬지 말지인데,
타고나길 위가 작은 내게 두 가지 메뉴를 먹는 건 불가능의
영역이다. 다음에 같이 와서 탕수육을 먹자고 진진에게 특밥
사진이 첨부된 메시지를 보냈다.
 ─내가 쏠게!
 진진에게 답이 왔다.
 ─네 돈이 내 돈인데?

 밖으로 나왔다. 중국 음식을 먹었더니 속이 더부룩했다.
9월이지만 한낮은 여전히 더웠고 행인들의 표정이 전부
구겨져 있었다. 나온 김에 스타벅스에 들러 고구마말랭이를

샀다. 아모레퍼시픽 사옥 인근 로또 명당 가판대에서 로또도 샀다. 눈곱을 떼는 꿈이 유효하길 바라며.

*

   작업실로 복귀했다. 퇴근 시간에 맞춰 예약 메일을 걸어 두고 로베르토 볼라뇨 20주기 기념 소설을 쓰려고 폼을 잡았는데, 사랑스럽기 그지없었던 글쓰기는 어느새 마지못해 죽지 못해 하는 글쓰기로 원상 복귀돼 있었다. 머리를 쥐어뜯고 있을 때 Uu에게 언제 피드백을 줄 거냐고 전화가 왔다.
   —솔직히 말해 줘.
   Uu가 말했다. 어제 읽었던 시나리오들은 별로라고 말하자, Uu는 풀이 죽었다.
   —더 이상 좋은 시나리오가 들어오지 않아. 나 이제 어떻게 하지?
   Uu가 우는소리를 했다. 박찬욱, 봉준호 영화에 출연하고 싶은데 그 감독들은 자기보다 박해일을 더 좋아하는 것 같다고 말이다. 그 뒤로 한풀이가 계속됐는데 박해일을 어디다 갖다 붙이냐고 쏘아붙이고 싶은 걸 참느라 혼났다. 어떻게 돌려 말해서 1년 뒤에 깨닫게 하는 방법은 없을까 고민하는데 가방에 들어 있던 『마법의 고민 해결 책』이 눈에 들어왔다. 나는 『마법의 고민 해결 책』을 펼쳤다.

3화
분노는 나의 힘

다음과 같은 문장이 나왔다.

스스로의 생각이 기분을 만든다.

— 스스로의 생각이 기분을 만든다?
뭔가 의미심장한 문구라서 그런가, 나도 모르게 중얼거렸다.
— 뭐라고?
Uu가 수화기 너머에서 물었다.
— 네, 아무것도 아니에요.
뜨끔해서 얼버무렸다.
— 아니야, 한기야. 말해 봐, 넌 분명 뭐라고 했어.

Uu가 흥분한 채 재촉했다. 나는 약간 무서웠고, Uu가 촬영장에서 펼쳤던 악행들이 머릿속에 스쳐 지나갔다.
　— 말해 보라니까?
　Uu의 말투에 노기가 서려 있었다.
　— 스스로의 생각이 기분을 만든다.
　어쩔 수 없이, 나는 다시 문장을 읊었다. 한동안 수화기 너머에서 아무 소리도 들리지 않았다. 긴장이 됐고, 한편으로는 어쩌면 이렇게 이 회사에서의 커리어가 주동의 장난감 때문에 끝날 수도 있다는 생각이 들어서 헛웃음이 비어져 나왔다. 잠시 후 Uu의 목소리가 들렸다. 생각보다 부드러운 음성이어서 긴장감이 누그러졌다. 예상과 달리 Uu는 맞다고, 자신은 배우로서 좀 더 긍정적인 에티튜드를 지녀야 할 필요가 있다고 말했다. 그러면서 현장에서 너무 안하무인처럼 행동한 것 같다고 흐느꼈다. 그럼 나한테 한 짓은요? 반성 제대로 안 할래요?라고 하려다가 꾹 참고 Uu의 고해성사가 끝나길 기다린 뒤 「펜팔」이라는 시나리오를 보낸 제작사 길버트를 아냐고 물었다. Uu는 어렴풋이 기억난다고, 약수역과 동대입구역 사이에 위치한 벽돌집이 길버트의 사옥이라고, 전에 한 번 미팅한 적이 있는데 그냥 그랬다고, 그런데 그게 왜 궁금하냐고, 혹시 시나리오가 좋은 거냐고 정신없이 퍼부었다. 나는 Uu가 얄상한 입술에 기다란

두상을 지녀서 전직 대통령 역할을 하면 제격이라는 생각을 하다가도 저 지랄 맞은 성미에 원작자가 나라는 걸 알면 분명 흔들고 뒤집고 난리를 칠 거라고 생각하며 고개를 흔들어 생각을 떠나보냈다.

―그냥…… 처음 보는 제작사라 궁금해서요. 신선하긴 한데, 선배님이 하시기엔 급이 떨어지죠. 독립영화 스케일이잖아요.

내가 말했다.

―그렇지? 내가 독립영화 할 급은 아니지?

Uu가 동조했고, 다시 기고만장해져서 자기 자랑을 늘어놓았다.

전화를 끊은 뒤 당이 떨어져서 초콜릿을 먹으려고 했는데 없었다. 밖으로 나가서 사 먹자니 시간이 애매했다. 초콜릿 먹고 싶은 걸 참고 억지로 볼라뇨 20주기 관련 소설을 쓰려고 하다가 도저히 써지지 않아서 포기했다. 머리를 쥐어뜯다가 겨우 첫 문장을 썼다.

내가 센시니와 친분을 맺게 된 방식은 참으로 유별나기 이를 데 없었다.

*

　퇴근했다. 주동을 픽업할 때까지 시간이 좀 떴다. 길버트를 찾아가고 싶었는데 기운이 없었고 졸음이 밀려왔다. 유치원생의 하루는 빨리 시작되고 양육자의 하루 역시 그 시간에 맞춰져 있었다. 내 육신은 오전 6시부터 워밍업이 되어 오전 10시쯤 전성기를 맞이하고 오후 3시쯤부터 하향세에 돌입한다. 지금 시간 오후 4시. 나는 지금 경기 침체기 주식 그래프 같다. 대통령 각하, 예술가 긴급 자금 지원을 제가해 주시옵소서!

　집에 도착해서 실신 상태로 누워 있다 보니 유치원 버스가 올 시간이 임박해 있었다. 허겁지겁 픽업 장소인 아파트 후문으로 달려갔다. 주동을 픽업하고 간식을 먹였다. 주동이 『마법의 고민 해결 책』이 어디 있냐고 물었다. 가방을 뒤졌지만 없었다. 작업실에 놓고 온 것 같았다. 실토했지만 주동은 집요해서 원하는 걸 손에 넣을 때까지 조른다. 특히나 그게 내 실수라면 절대 놓지 않는다. 주동이 계속 징징거리니까 정신이 혼미해졌다. 주동은 당장 똑같은 걸 사거나 작업실에 가서 가지고 오거나 둘 중에 선택하라고 했다. 나는 다시 사자니 돈이 아깝고 작업실에 도로 가는

건 무리라며 나중에 갖다준다고 주동을 설득했다. 주동이
말했다.

　— 이런 정신없는 아빠 같으니라고.

　주동아 근데 여섯 살이 하기엔 너무 나쁜 말 아니야?
라고 하려다가 이게 나쁜 말인지 일상적인 말인지 애매해서
지적할 타이밍을 놓쳤다. 분명 기분이 나쁜데 말이야…….
마침 진진이 퇴근해서, 주동의 말에 대해 어떻게 생각하는지
물어봤다.

　— 근데 뭐 팩트잖아?

　진진이 명쾌하게 답을 내렸다.

　— 정신 좀 차려, 진짜.

　진진이 덧붙였다. 주동이 까르르 웃으며 진진에게 안겼다.
주동이 진진에게 귓속말을 했다.

　— 시나모롤 스티커 사 주면 봐준다네?

　진진이 말했다. 나는 주섬주섬 옷을 갈아입고 무인
문구점으로 향했다.

　그 뒤 일주일 동안 작업실에 가지 못했다. 한 글자도
쓰지 못할 정도로 일정이 빡빡했고 심적인 여유도 없었다.
우선 유치원 아빠 초대 수업에 참여했다. 주동이 뒤를 졸졸
따라다녔을 뿐인데 이틀을 앓아누웠다. 또 엄마한테 차가

고장났다는 연락이 왔다. 빌린 돈이 있어서 왠지 미안했고, 타던 중고 SM5를 엄마에게 양도하고 케이카에서 새로운 중고차를 구입했다. 양도양수와 중고차 구입에 필요한 행정 처리를 모두 마무리한 뒤 나는 침수된 중고차처럼 퍼져 버렸다.

*

 아침에 눈을 뜨자마자 오늘은 기필코 작업실에 가겠다고 생각했다. 마감이 다가오고 있는데 글을 쓰지 못해 괴로웠다. 글을 써도 괴롭고 글을 쓰지 못해도 괴로우니 글을 아예 모르는 시절로 되돌아가고 싶다는 생각과 동시에 이제 늦었다는 절망감이 들었다. 언젠가 현재 30대의 기대 수명이 140살이라는 뉴스를 본 적이 있는데 그럼 나는 향후 100년 동안 소설에 시달려야 된단 말인가. 상상만 해도 끔찍했고 얼른 은퇴 계획을 세워야겠다는 생각이 들어서 출근을 하는 진진을 붙잡고 은퇴하겠다고 말했다.
 ─소설을 그만두면 어떤 걸 하고 싶은데?
 ─글쎄…… 지금부터 생각해 봐야지.
 ─나는 찬성. 그럼 지금 당장 소설을 그만두고 준비할 수 있어?

진진이 물었다.
—에이, 청탁받은 건 다 써야지. 계약한 것들도 있고. 인간으로서 도리는 지키자고.
내가 답했다. 진진의 미간이 찌푸려졌다.

진진이 출근한 뒤 주동의 아침을 차려 주고 양치질을 해 주고 옷을 입혀 주고 가방을 싸 줬다. 주동이 마음에 안 든다고 해서 옷을 서너 번 갈아입힌 것 같은데…… 유치원 갈 채비를 마치고 나니 기진맥진해져 버렸다. 심호흡을 한 뒤 내 가방에 노트북을 욱여넣었다. 일주일 만이었다.
—아빠, 드디어 일하러 가는 거야?
주동이 유치원 버스에 오르기 전에 물었다. 나는 고개를 끄덕였다.
—정신 챙기고 『마법의 고민 해결 책』 꼭 가지고 와.
주동이 덧붙였다. 나는 다시 고개를 끄덕였다.

주동을 유치원 버스에 태운 뒤 고덕역으로 향했다. 노트북이 든 가방이 무거웠다. 당장 절필을 하고 노트북을 바닥에 내팽개치거나 노트북을 하나 더 사서 하나는 집에 하나는 작업실에 두고 싶다는 생각을 하다가, 어차피 집에서는 글을 잘 쓰지도 않는데 왜 꼬박꼬박 노트북을 들고 다닐까라는 생각을 연이어 하다 보니 나도 모르게 지하철에 올라타 있었다. 도착할 때까지 오랜만에 「오피스」를 봤다. 마이클 스콧이 충동적으로 퇴사를 하고 전 직장인 던더 미플린과 동종업인 종이 유통회사를 차려 바이어들을 빼앗는 에피소드로, 예상치 못한 전개, 언더독의 승리, 블랙코미디 등 내가 좋아하는 모든 요소들이 들어가 있었다.

 작업실에 도착했다. 이상한 일이 하나 있었다. 우편함에 꽂힌 고지서를 보니 가스비가 36,000원이 나온 것이다. 무슨 일이지? 나는 단 한 번도 작업실에서 요리 따위를 해 먹은 적도 없고, 정지돈도 분명 마찬가지일 텐데. 날씨도 선선해져서 하루에 10분 정도 에어컨을 켠 것 외에는 가스를 쓸 일이 없는데 말이야. 정지돈은 추위를 많이 타서 9월부터 내복을 입는 걸로 알고 있는데…… 대체 누구지? 불현듯 나는 대학원에 다닐 때 썼던 시나리오를 떠올렸다. 제목은 「침입자」. 20대 백수 청춘들이 빈 저택을 점거하고 호화로운 생활을 하면서 벌어지는 호러 무비였다. 그들이 점거한 저택 지하에는 일제 강점기 때부터 명맥을 이어 오는 하수인들이 기거하고 있었고…… 주인공들이 저택의 소유자에게 고문을 당하는 순간 기이한 괴생명체가 눈앞에 나타나는데……. 그런데 이 아이디어는 폐기한 지 오래다.

시대적 배경은 다르지만 봉준호가 「기생충」으로 대성공을 거뒀기 때문이다. 나와 봉준호를 비교하자는 건 아니고……. 뭐, 그냥 과대망상으로 보면 될 듯. 그런데 진짜 가스비가 왜 이렇게 많이 나왔지?

화이트보드로 시선을 돌리자 이렇게 적혀 있었다.

10년 후 오한기는 행복해?

네 인생? 망했잖아.

나는 정지돈에게 전화를 걸었다. 신호가 몇 번 가고 정지돈이 받았다.
내가 말했다.
— 이거 선 넘었는데요?
정지돈은 무슨 이야기냐고 물었고, 나는 화이트보드에 적힌 문장들에 대해 따졌다. 그러자 정지돈이 어이없다는 듯 코웃음을 치며 자기는 지금 뮌헨이라고 말했다.
— 뮌헨이요?
— 네. 독일.
정지돈이 대답했고, 일주일 전 통화하면서 여행을 간다고 하지 않았냐고 덧붙였다. 그 말을 듣고서야 통화를 했던 게 떠올랐다.

　— 한기 씨, 저한테 왜 이렇게 관심이 없나요?
　정지돈이 수화기 너머에서 말했다.

　전화를 끊은 뒤 36,000원을 계좌 이체했다. 36만 원이라면 또 모를까…… 36,000원짜리 미지의 존재라면 시시하기 그지없었다. 나이 40에 다다랐는데 36,000원으로 고민을 하기 싫기도 했다. 불현듯 트위터에서 '이재용이 체감하는 한국 물가'라는 멘션을 봤던 게 떠올랐다.

　　지하철 0.12원
　　짜장면 0.7원
　　치킨 3원
　　아이폰 200원
　　비행기 퍼스트클래스 1,700원
　　람보르기니 3.4만 원
　　은마아파트 26만 원

　창밖을 봤다. 남산타워가 보이고 전쟁기념관이 보였다. 풍수지리적으로 어떨지 검색해 볼까 하고 노트북을 열었다가 그냥 묘사 연습을 했다.

    남산타워는 뮌헨이다.
    전쟁기념관은 36,000원이다.

    메일을 여니까 팀장이 보낸 피드백이 있었다. 피드백 내용은 별게 없었지만, 뉘앙스를 보니 전체적으로 마음에 들지 않는 듯했다.

    한기 씨는 부정적으로 세상을 바라보는 게 문제야.

    이 문장이 마음에 걸려서 짜증이 났다. 인신공격 아니냐는 답장을 썼다 지웠다. 팀장의 능력 부족을 비아냥거리는 답장을 썼다가 또 지웠다. 최선의 복수는 읽씹이라는 생각이 들었고 답장을 하지 않았다. 분노가 사라지지 않았다. 오늘치 시나리오 작업을 하고 「센시니」 초고를 다 써 버렸다. 무려 두 시간 만에. 분노는 나의 힘. 분노는 생명 유지 장치 같았다. 나는 분노를 조금만 더 유지하고 싶었고, 왠지 오늘이야말로 길버트를 찾아가서 본때를 보일 적기라는 생각이 들었다.

    노트북과 『마법의 고민 해결 책』을 가방에 넣은 뒤

작업실을 벗어났다. 허기가 졌다. 평양집에서 양곰탕을 먹었다. 꽤 양이 많았는데 먹고 나서도 속이 편했다. 양곰탕을 먹는 수많은 아재들을 보면서 저들이 왜 양곰탕을 먹는지 알겠다는 생각을 했다.

지하철을 타고 약수역에 내렸다. 10번 출구에 내려서 동대입구 방향 언덕길을 올라갔다. 학교 생각을 하니 괜히 센티해졌지만 연락할 사람이 없어서 다행이라는 생각이 들었다. 좀 더 걷자 3층짜리 붉은 벽돌집이 보였다. 여기가 Uu가 말한 곳 같았다. 벽돌집에 들어갔더니 1층은 카페였다. 벽면에 붙은 명판을 보니 3층이 길버트였다. 그리고 계단을 올라 3층까지 갔을 때 놀라운 광경이 시야에 들어왔다. 과장하지 않고 뭔가 초현실적인 상황이었다. 길버트 출입문부터 시작해서 계단까지, 전직 대통령 열댓 명이 늘어서 있었던 것이다.

*

아, 이어서 쓰기 전에 소설에 대해 말하고 싶은 생각이 드네. 최근 《현대문학》 9월호에 「무료 주차장 찾기」를 기고했다. 언제나처럼 괴로워하다가 마법처럼 뚝딱 써져서 신기했던 소설. 지금 쓰는 소설은 「숲 체험」이라는 소설이다. 《굿닛》에서 '돌봄 사회'를 주제로 청탁한 소설이다. 12월호에 실린 예정. 마감할 수 있겠지? 두 소설은 작가정신에서 출간할 육아 관련 소설집에 묶일 것 같다. 육아라는 카테고리 안에서 쓰다 보니 양손에 수갑을 채운 채 팔꿈치로 쓰고 있다는 생각이 든다. 참고로 내가 현재 가장 잘 쓸 수 있는 주제는 사기다. 회생, 민사, 채권자, 채무자, 고소, 피해자, 가해자, 검찰, 합수단…… 기다리고 있으니 청탁 주시길…….

4화
오한기가 접니다

 초현실적인 광경을 보자 겁이 덜컥 났다. 그래도 금세 현실감각을 되찾았다. 가까이 가서 보니 길버트 사무실 앞에 줄 서 있는 건 전직 대통령이 아니라 전직 대통령을 닮은 사람들이었다. 자세히 보니 한 명 한 명 얼굴이 미세하게 달랐다. 동일한 관상이라는 프레임 안에서 선해 보이는 사람이 있고 악당처럼 보이는 사람도 있어서 신기했다. 그중 하나에게 왜 줄을 서 있는 거냐고 물었다.
 그중 하나가 말했다.
 ─ 오디션 중이거든요.

 전직 대통령들을 헤치고 길버트 출입구 앞까지 갔다. 줄을 앞질러 가는 게 마음에 들지 않았는지 그들이

나를 꼬나봤는데, 내가 자신들의 라이벌이 아니라는 걸
직관적으로 알아채고는 고개를 획 돌렸다. 문을 열고
들어갔다. 회의실이 딸린 작은 사무실이었다. 리셉션에는
오디션 중이라는 푯말이 써 있었고, 심드렁해 보이는 직원
하나가 심드렁한 눈빛으로 나를 힐끗 보더니 심드렁한
목소리로 오디션 중이니 다음에 찾아오라고 했다.
 ─ 저도 오디션 보러 왔는데요?
 내가 말했다. 팀장에게 받은 메일에서 비롯된 분노를
에너지 삼아 충동적으로.
 ─ 네?
 직원은 의아해하며 내 얼굴을 훑어봤다.
 ─ 저도 오디션을 보러 왔다고요.
 내가 반복했다.
 ─ 네? 당신이요?
 직원이 되물었다. 거울이나 보라는 듯한 말투로.
 ─ 주인공 배역을 따내러 왔습니다.
 내가 말했다.

 직원은 나를 계속 가로막았다. 평소 같았으면 안
그랬겠지만 괜히 오기가 생겨 버렸다. 그렇게 직원과
대치하고 있을 때 나와 동년배로 보이는 남자가 회의실에서

나왔다. 남루한 차림에 부스스한 머리 스타일이었는데, 본능적으로 나는 그가 나와 같은 부류, 그러니까 감독이나 작가라는 걸 느꼈다. 서울 출생의 서울 4년제 대학 영화과를 졸업한 시네필. 좋아하는 감독은 구로사와 기요시? 주종은 위스키? 살짝 알코올 중독이 있고 전자 담배를 피우는 하루키 매니아. 나는 상상 속에서 그의 프로필을 읊었다. 그는 누군가와 통화를 하고 있었는데, 전직 대통령을 닮은 사람은 많지만 진짜 같은 아우라를 지닌 사람은 없어서 아쉽다고 토로하는 게 들렸다. 그는 전화를 끊은 뒤 우리를 보고 무슨 일이냐고 물었다.

─감독님, 이분이 오디션을 보러 왔다고…….

직원이 말끝을 흐렸다. 감독이라는 작자는 나를 아래위로 훑어봤다.

─어떤 역할이요?

감독이 물었다.

─주인공이요.

─주인공이라 함은…….

감독이 미간을 잔뜩 모았다.

─오한기요. 소설가 오한기.

내가 답했다. 감독의 눈빛이 날카롭게 빛났다.

감독과 회의실에서 인터뷰를 했다. 오한기 역할은 생각도 못 했는데, 가만 보니까 잘 어울리는 것 같아 인터뷰를 하기로 했다면서. 아직까지 감독은 내가 진짜 오한기인 줄 모르는 것 같았다.

―운이 좋은 줄 아세요.

감독이 덧붙였다. 거만한 어투였는데, 그게 허세인 걸 알아서 그리 기분이 나쁘진 않았다. 그동안 감독은 자신은 이 작품의 작가이자 감독이며, 자기도 이 작품이 하기 싫었지만 가정이 있는 데다가 계약을 떨쳐내야 해서 어쩔 수 없이 하게 됐다고 한풀이를 했다. 그런데 왜 나는 살짝 기분이 언짢아졌을까.

―그럼 이 작품을 좋아하는 게 아니었나 봐요?

내가 물었다.

―그렇죠. 작가가 누군지도 모르고. 제작자가 꽂힌 것 같은데, 이걸 영상화나 할 수 있을지…….

감독이 한숨을 내쉬었다.

―내가 왜 이걸 하는지 대체 모르겠어요. 왜 예대를 나와 가지고. 고등학교 동창들은 삼성 취직해서 호의호식하는데 말이죠.

감독이 머리칼을 헝클어뜨렸다.

―걱정 마세요. 다 좋은 날이 오겠죠.

내가 위로했다.

― 징징거려서 죄송해요. 이런 말을 할 자리는 아닌 것 같은데.

그때 감독이 정신을 차렸다. 그러면서 나를 바라봤다.

― 오한기인지 뭔지 그 작가 역할을 하겠다고 하셨는데. 당신의 장점은 뭔가요?

감독이 진지하게 돌변해서 물었다. 순수한 진지함이라기보다는 직업적인 진지함이라 내심 섭섭했다. 나는 어떻게 이 시나리오를 읽고 소설가 오한기 배역을 하고 싶었나, 혹시 원작을 읽어 봤나 정도의 피드백을 원했던 것 같다.

― 오한기가 접니다.

이게 내 유일한 장점이었다.

― 네? 뭐라고요?

― 오한기가 바로 저라고요.

내가 답했다.

― 검색해 보시든가요.

내가 덧붙였다. 거만한 말투로. 그제서야 감독이 스마트폰으로 오한기를 검색했고, 이미지와 나를 비교해 보며 놀란 눈을 떴다.

― 맞죠?

내가 고개를 까닥였다.

감독은 몰라봤다며 연신 사과를 했다. 도의적으로 작가님의 허락을 받고 시나리오를 썼어야 했는데, 제작자가 고집을 부렸다나. 일단 쓰고 캐스팅을 하고 투자와 촬영 일정까지 확정 지은 다음에 허락을 구하면 오히려 좋아한다고 말이다. 작가들은 대부분 관종이라면서. 그 제작자가 누군지, 너무 정확한 판단이라 인생 위기의 순간이 왔을 때 조언을 받고 싶다는 생각이 들었다.

결론부터 말하면 나는 사과를 받아들였다. 만약 적반하장으로 나왔으면 대거리를 했을 텐데, 공손한 사과에 나도 오히려 매너 좋게 반응할 수밖에 없었다. 결정적으로 왜 좋아하는 드라마 이야기를 했는지 모르겠지만 감독이 「오피스」를 좋아한다는 사실이 내 마음을 녹였던 것 같다. 특히 홀리가 길을 잃은 마이클 스콧을 단숨에 찾는 에피소드를 좋아한다니, 왠지 우리가 잘 맞을 수도 있다는 생각이 들었다. 게다가 감독은 아까 「펜팔」의 영상화에 대해 부정적으로 말한 건 그냥 하는 소리였으니 기분 나빠하지 말라며, 자기 생각에 「펜팔」은 영화가 아니라 「오피스」처럼 시트콤으로 만드는 게 좋을 것 같다고 이야기했다. 표현은 안

했지만 나는 그 이야기가 마음에 들었다.

─ 꼭 같이 작업해 보고 싶네요.

내가 말했다.

─ 작가님이 해 주신다면 너무 좋죠.

감독이 답했다. 안 그래도 제작자에게 오한기가 주지훈, 마쯔다 류헤이, 조성진과 닮았다는 이야기를 듣곤 셋 중 고민 중이었는데, 주지훈은 개런티가 비싸고 마쯔다 류헤이는 더 비싸고, 조성진에겐 인스타 디엠을 보내 봤지만 답이 없었다고 우는소리를 했다.

─ 하하, 마쯔다 류헤이 반값에 해 드리겠습니다.

내가 말했다. 내가 왜 이렇게까지 너스레를 떠는지 모르겠지만 일단 붙고 보자는 심정이었던 것 같기도 하고.

감독은 제작자와 의논한 뒤 연락을 준다고 했다. 수많은 인터뷰에서 실패를 맛봤지만 이번 건 예감이 좋았다. 건물에서 벗어나 약수역 방향으로 걸었다. 조금 걷자 이성이 되돌아왔다. 내가 왜 오디션을 봤고, 왜 이렇게까지 하고 싶다고 어필했으며…… 분위기를 보니 거의 합격한 것 같은데, 연락이 오면 어떻게 정중히 거절하지…… 머리가 지끈거렸다.

*

　고덕역에 내렸다. 유치원 버스에서 주동을 픽업한 뒤 미술학원에 데리고 갔다. 근처 카페에서 초고를 다듬어서 「센시니」를 마감한 뒤 메일을 보냈다. 팀장에게 오늘치 분량의 시나리오도 보냈다. 잠시 뒤 팀장에게 장문의 문자가 왔다. 요약하면 오전에 보낸 문자를 씹어서 기분이 나쁘다는 내용이었는데, 은은한 인신공격이 덕지덕지 붙어 있어서 화가 치솟았다. 나는 화를 삭이며 직장 내 갑질이 어떻게 처벌되는지 써 보내려다가 참았다. 문득 지금 이 상황과 대응하는 내 행동이 내가 쓴 소설 『산책하기 좋은 날』에도 나왔었다는 생각이 들었다. 내가 아무리 부정을 해도 소설의 화자는 작가를 닮을 수밖에 없다는 생각이 연달아 들었다. 소설가가 주인공인 소설을 이제 그만 써야 하나 하는 생각도 들었는데, 다른 직업은 도통 정도 붙지 않고 쓰기도 싫을뿐더러 굳이 쓰기 싫은 소설은 쓰지 않는 게 맞지 않나 하는 생각도 들었다. 이어서 정신 차리자는 생각이 강하게 들었다. 소설과 달리 나는 주동이 아빠라고 말이다. 그래서 팀장에게 답장이 늦어져서 죄송하다고, 다음부터 이런 일 없을 거라고 회신을 했다.
　팀장에게 답이 왔다.

―그래, 진작 그렇게 말했어야지 ^^

  모든 일을 다 처리하자 주동이 올 때까지 30분 정도 시간이 남았다. 요새 너무 산책을 안 했다는 생각이 들었다. 『산책하기 좋은 날』이라는 소설을 써 놓고 정작 산책을 하지 않다니. 그러고 보니 이 지역, 신축 아파트투성이인 고덕동, 상일동, 명일동이라는 동네가 내게 그리 산책하고 싶은 장소가 아니라는 생각이 들었다. 카페에 가만히 앉아 있자니 뭔가 초조했다. 그래서 백두상가까지 걸어가서 내일 아침 주동이 먹을 가래떡을 사 왔다. 걸으니까 차분해졌고 내가 왜 초조했는지 알 것 같았다. 그 이유는 오디션 합격 전화가 오지 않아서였다. 그게 뭐라고. 연락 와도 거절할 판에. 그런데 왜 이렇게 연락이 안 오지? 나는 가방에서 『마법의 고민 해결 책』을 꺼내 열었다. 다음과 같은 문장이 나왔다.

  인생은 모험을 통해 성장한다.

*

  다음 날, 진진을 배웅하고 주동을 유치원 버스에 태운 뒤 출근했다. 작업실에 도착해서 화장실에 갔는데 변기 뚜껑이 열려 있었다. 나는 변기 뚜껑을 항상 닫아 놓는다. 진진이 열린 변기에서 나쁜 기운이 새어 나오는 거라고, 절대 열어 놓지 말라고 해서 결혼한 뒤 꼭 지키는 습관이다. 뭐지, 정지돈은 뮌헨에 있는데? 진진에게 무섭다고 문자를 보냈다. 진진에게 답장이 왔다.

─ 뭐, 변기 뚜껑 정도는 네 실수겠지. 집에서도 자주 그러잖아.

진진과 대화를 주고받고 나니 조금 안심이 됐다. 화이트보드에 적힌 글자도 어제 그대로였다. 노트북을 열고 묘사 연습을 했다.

서울역은 변기 뚜껑이다.
전쟁기념관은 불합격이다.

메일함을 열었다. 팀장에게 피드백이 왔다. 모든 게 완벽하다고, 한기 네가 드디어 감을 잡은 것 같다고. 어제 사과한 덕분인지 기분이 좋아 보였다. 나는 감사하다고 인사치레 답장을 한 뒤 노트북을 닫았다. 그때 핸드폰이 울렸다. 오디션 합격 전화인가 싶어서 심장이 덜컹했는데 액정에 Uu가 떠 있어서 김이 빠졌다. 목소리를 가다듬고 전화를 받았다.

　— 바로 받네?

　Uu가 히죽거렸다. 그리고 시나리오를 하나를 더 보낼 테니 이거 먼저 빨리 검토를 부탁한다고 지시했다. 나는 시나리오를 읽어 본 뒤 절대 하지 말라는 코멘트를 보냈다.

*

　잠이 몰려왔다. 패드를 깔고 잤다. 자고 일어났더니 벌써 오후 1시였다. 출출했다. 먹고 싶은 게 없어서 대충 김밥을 먹고 치우려고 김밥집을 검색했더니 마땅한 김밥집도 없었다. 이 근방에서 명성이 높은 현선이네 떡볶이에서 떡볶이나 먹을까 검색했더니 너무 멀었다. 일단 밖으로 나갔다. 뭘 먹을까 하다가 국밥집에서 고기국수를 팔길래 제주도 고기국수를 떠올리며 들어갔다. 그냥 순댓국에 소면을 말아 나온 거라 조금 실망스러웠다. 꾸역꾸역 다 먹고 나와서 근처에 있는 젤라또가게에 들어갔다. 다섯 팀의 손님이 있었다. 컵으로 고르면 두 스쿱이었는데 이탈리아 피스타치오를 고른 뒤 납작 복숭아와 키위 사이에서 고민하니까 점원이 두 개 다 퍼 줬다. 나만 세 스쿱을 받으니까 주위에서 우러러봤고, 그 기분이 나쁘지 않았다.

젤라또를 먹으며 작업실로 복귀했다. 무슨 소리가 들려서 허겁지겁 들어갔더니 텔레비전이 틀어져 있었다. YTN이었고 소름 돋게도 전직 대통령이 지지자들과 광화문을 걷는 모습이 나왔다. 이상한 느낌이 들어서 화이트보드를 봤더니 전에 적혀 있던 문장들은 깨끗하게 지워져 있었고 다음과 같이 적혀 있었다.

이제 내가 진짜라는 걸 믿겠어?

5화
그럼 문학은 어떨까?

 화이트보드에 적힌 문장을 본 뒤 놀라서 가슴이 뛰었다.
일단 사진을 찍었다. 고민하다가 진진과 주 주무관에게
보냈다. 진진에게서 먼저 회신이 왔다. 예상대로 진진은 믿지
않았다.
 ─ 픽션의 세계에서 벗어나랬지?
 진진이 질책했다. 나는 펄쩍 뛰며 진짜라고 주장했다.
그래도 믿지 않길래 전화를 걸었더니 발신음이 바로 끊겼다.
바로 회의 중이라고 문자가 왔다.
 ─ 네 말대로 정체불명 신원 미상의 침입자가 있다 치자.
그런데 진심 너를 어떻게 하고 싶었으면 진작 죽였겠지?
지금 너라면 덩치 큰 초딩한테도 질 거 같은데?
 진진이 덧붙였다. 스마트폰 뒤에서 한숨을 쉬는 진진이

느껴졌다. 왠지 억울했고 울고 싶었다. 핸드폰을 내려놓고 한동안 씩씩거리며 화이트보드를 노려봤다. 정신을 집중하고 내가 아는 모든 욕을 텔레파시로 전환해서 침입자에게 전송했다.

 5분이 흘렀다. 아무 일도 벌어지지 않았다. 텔레비전을 끄고 화이트보드를 박박 지웠다. 집에 갈지 말지 고민했다. 그런데 문득 진진의 말이 이해가 됐다. 귀신인지 유령인지 영혼인지…… 아무튼 어떤 미지의 존재는 나를 해치는 게 목적이 아니라는 생각이 들었다. 장난을 치고 싶은 거지. 그런데 왜 장난감으로 나를 택한 거야?

 잠시 뒤 주 주무관에게 전화가 왔다. 주 주무관은 점심을 먹느라 메시지를 조금 늦게 봤다며 무슨 이야기를 하는 거냐고 물었다. 나는 작업실의 기현상에 대해 있는 그대로 설명했다. 주 주무관은 아, 그렇구나…… 하며 내 이야기를 흘려듣더니 자신의 이야기를 늘어놓기 시작했다. 공무원 시험 준비와 맞바꾼 30대에 대해, 주민센터에서 일하는 9급 공무원의 부조리한 처우에 대해 끊임없이 투덜거렸다. 과장하지 않고 수백 번도 더 들은 이야기였다. 나는 더 이상 듣기 싫다며 좀더 신선한 이야기 없냐고 비아냥거렸다. 주 주무관은 비아냥거리는 걸 눈치 못 챘는지 상사가 술에 취한 채 음성 메시지로 욕설을 남긴 이야기를 들려줬다.

— 이건 처음 듣는 거지?

주 주무관이 뿌듯한 듯 말했다. 나는 직장에 적응하지 못하겠으면 징징거리지 말고 그만두라고, 왕년에 직장 생활 안 해 본 사람이 어디 있냐고, 우울함은 전염되는 거라고 말했고 그제서야 주 주무관은 기분이 상한 듯 왜 그러냐고 물었다.

— 몰라? 몰라서 물어?

내가 되물었다.

— 응, 진짜 모르겠어.

— 넌 항상 내 이야기는 듣는 둥 마는 둥 하고 네 이야기만 하잖아. 네 이야기 이제 재미없다고. 몰랐어?

— 그래도 네 에세이보다는 재미있는 거 같은데?

주 주무관이 맞받아쳤다. 내가 그게 무슨 이야기냐고 했다. 그랬더니 주 주무관은 민음사 블로그에 연재하는 에세이를 보고 있는데, 마음에 들지 않는다고 했다.

— 어디가 마음에 들지 않는데?

내가 물었다. 네가 마음에 들어 하지 않으면 어쩔 건데? 라고 묻고 싶었지만 유치해서 말을 삼켰다. 하긴, 아주 오래전부터 주 주무관은 내 소설을 마음에 들어 하지 않았고,

그 이유를 철학적 사유의 부재라고 말해 왔던 게 기억났다.

─내가 나온 부분, 전부 거짓말이잖아.

주 주무관이 지적했다.

─네가 MBTI에 과몰입하는 건 진짠데?

─아니, 한기야. 큰 그림을 그려야지. 그리고 너 에세이에 대한 사전적 정의부터 숙지해야겠다. 그냥 단순히 써지는 대로 막 쓰는 게 글쓰기가 아니야. 진정한 예술이란 모름지기……

─진정한 예술? 갑자기 그게 무슨 개똥 같은 소리야. 나는 주 주무관의 말을 잘랐다.

─한기야, 네가 감정에만 충실한 INFP라는 건 알겠는데, 내가 INTJ 입장에서 충고해 줄게.

─내가 INTP 나왔다고 했지? 그리고 대체 MBTI가 뭐길래 이러는 거야? 혈액형이랑 뭐가 다른데?

─워워. 흥분 가라앉히고. 일단 한기 넌 INFP야. 그리고 이건 내가 너를 진짜 친구라고 생각해서 말해 주는 거야. 나무만 보지 말고, 큰 숲을 봐야. 한기야, 역사와 철학은 작가라면 필수적으로 숙지해야 하는 거야. 이건 전부 네가 이 세계를 보는 태도를 정립하지 않아서 생긴 문제라고. 그러니까 마감하는 데 급급해하지 말라고.

주 주무관은 내게 충고를 건넸다. 나는 할 말을 잃었다.

―네가 심성이 착한 건 알겠어. 내가 유일하게 그건 높게 치거든. 그건 네가 INFP라서 그런데…….

주 주무관이 이렇게 말했을 때 나는 화가 솟구쳐서 전화를 끊어 버렸다. 속이 부글부글 끓었다. 주 주무관한테 몇 번 더 전화가 왔지만 받지 않았다.

―네 감정이 괜찮아지면 연락 줘. 나는 아무렇지도 않으니까. 제발, 감정을 배제한 채 생산적인 논쟁을 하자고. 나는 언제나 준비가 돼 있다, 친구야.

주 주무관에게 메시지가 왔다. 주 주무관의 주장대로 내가 그렇게 감정적인 사람인가 생각해 봤다. 그런데 우리 왜 논쟁을 벌인 거지? 나는 그냥 침입자에 대해 이야기하고 싶었을 뿐인데, 왜 대화가 이렇게 번져 나갔는지 이해되지 않았다.

다시 MBTI 테스트를 했다. 대학생 때 이후 몇 년 만에 했는지 모르겠다. 예상치 못했는데 INTJ가 나왔다. 검사 결과를 캡처해서 주 주무관에게 보냈다. 주 주무관은 문자를 읽고도 한동안 말이 없었다.

―말도 안 돼. 무료 검사 한 거지?

어느 정도 시간이 흐른 뒤 주 주무관이 물어 왔다.

―유료 검사도 있어?

─당연하지. 난 공무원 임용 연수 때 유료로 한 거야.

─많이 달라?

─항목이 더 많지. 세부적으로 나눠져 있고. 그러니까 네가 한 건 가짜라고. 넌 분명 INFP야.

주 주무관이 말했다. 그러면서 내가 INTJ가 아닌 이유에 대해 나열했는데 갑자기 이게 뭐 하는 건가 싶었다. 왜 내가 주 주무관과 초등학교 4학년 때부터 인연을 유지하고 있는지 곰곰이 생각했다. 위급 상황 시 주동이 클 때까지 유산을 맡길 수 있는 사람. 언젠가 이렇게 생각했던 게 떠올랐다. 에이 씨…… 마음이 약해졌다.

─네 말 듣고 보니 INFP 같네.

나는 주 주무관의 비위를 맞춰 줬다. 예상대로 주 주무관은 기분이 좋아진 채 MBTI가 과학이라는 이야기를 신나게 늘어놓았고…… 논쟁은 끝.

진짜라고 믿으면 진짜다.
가짜라고 믿으면 가짜다.
우리는 진짜이자 가짜이다.

주 주무관과 논쟁을 마친 뒤 워드 파일을 켜고 이렇게 썼다. 나도 모르게 가끔 이런 문장들이 튀어나오지만 아무

의미 없는 경우가 대부분이고 이것도 마찬가지일 확률이 높겠지.

　불현듯 주 주무관 말이 어느 정도 맞는다는 생각이 들었다. 나는 내가 쓰는 글이 소설인지 에세이인지 따지는 게 무슨 의미인가 싶었지만 한편으로는 의미가 있다는 생각도 들었다. 그럼 사실을 기반으로 내 삶을 써 볼까. 단조로움. 반복. 와이프와 아이. 30대 후반의 작가. 재산은…… 대출의 비중은…… 이것도 밝혀야 하나? 모르겠다. 나는 의견을 개진하지 않는 편이다. 왜냐하면 세상은 보통 내 의견과 반대로 진행되니까.

　육아에 대해서라면…… 고민이 많다. 주동이 점점 내향적으로 변해 가는데 어쩌지? 더 어릴 때는 아무에게나 웃어 줬는데 이제는 진진과 내 앞에서만 웃는다. 좀 더 시간이 흐르면 우리 앞에서도 웃지 않겠지. 고민해야 할 문제가 아닌 것 같으면서도 고민이 된다. 집 밖으로만 나가면 입을 닫아 버리는 아이. 인사도 하지 않고, 누가 말을 걸어도 어깨만 으쓱한다. 어떤 사안에 대해 의견을 물어보면 답한다. 몰라. 몰라. 몰라. 몰라. 그럴 때마다 소름이 돋는다. 어떻게 이렇게 내 어린 시절과 완벽하게 일치할까. 어디에서부터 어떻게 해야 하나. 그런데 내 어린 시절을 반추해 봤을 때 가만두는 게 주동에게 좋을 것 같기도 하고. 뭐, 타고난 성격인데 어떻게 해?

그럼 문학은 어떨까…… 최근 나는 문학이라는 카테고리에 있어서 갈림길에 선 느낌이다. 3년 전 박생강 선생님의 주선으로 동국대학교에서 특강을 한 뒤 저녁을 먹으면서 선생님이 사주를 봐 준 적이 있었다. 어렴풋이 기억난다. 선생님은 내가 다른 옷을 입고 다른 일을 하게 될 거라고 했다. 제 기억이 맞나요, 선생님? 실제로 나는 문학에 대한 애정이 떨어지고 있다. 왜냐하면 지쳤기 때문이다. 이류 작가 취급받는 것도 지겹고, 진짜 아저씨가 되면서 예전에 욕했던 아저씨 소설을 쓰는 것 같기도 하고.

그리고 또 뭐가 있을까. 왜 나는 술을 먹기 싫은 걸까, 술도 싫고, 술기운도 싫고, 술자리도 싫고, 술자리에 모인 사람들도 싫고. 그럼 내가 좋아하는 건 뭘까. 나는 왜 이렇게 생겨 먹은 거지? 에세이랍시고 이런 시시껄렁한 내 삶과 고민에 대해 쓰는 게 맞는 걸까. 후…… 아무리 생각해 봐도 내 삶은 재미가 1도 없었고, 무엇보다 나는 사실을 쓰는 데 익숙하지 않다. 픽션에 교묘하게 내 삶을 섞는 것까진 가능한데. 어느 순간 글쓰기 자체에 현타가 왔다. 이 상태에서 연재를 지속해도 되는 걸까.

  나에 대해 생각하니까 기운과 기분이 동시에 다운됐다. 일을 할 상태가 아니었다. 기분 전환을 하고 싶었다. 뭘 해야 할까 생각하다가 아무것도 떠오르지 않았고 이 나이 먹도록 기분 전환하는 방법도 모르는 내 삶에 근본적인 회의가 들어서 더 우울해졌다. 침대에 누워 영화나 보고 싶었다. 가방을 쌌다. 에라 모르겠다, 싶어서 팀장에게 오늘 글이 풀리지 않아서 시나리오를 거의 못 썼다고 메시지를 보냈다.
  — 예술이라는 게 그렇지. 그럴 때도 있는 거야. 너무 걱정하지 마.
  팀장에게 답장이 왔다. 오, 갑자기 왜 이렇게 나를 위로해 주는 거지.
  — 팀장님, 이해해 주셔서 감사합니다. 오늘 푹 쉬고 에너지 보충해서 내일은 열심히 쓸게요 :)
  이렇게 메시지를 쓰고 이모티콘까지 붙여서 메시지를 보내려고 하는 찰나, 또 문자가 왔다.
  — 예술과 직장인. 참, 이 어울리지 않는 두 가지 직업이 공존한다는 게 힘들지 않아? 그러니까 한기 너는 줄타기를 잘해야 돼. 무슨 일이 있어도 오늘 분량은 채워야겠지?

기다릴게^^

— 아하, 넵! 오늘 중으로 보내드릴게요!

고민하다가 팀장에게 회신을 했다. 팀장에게 괜히 앓는 소리를 한 것 같아서 자존심이 상했다. 달달한 게 당겨서 맥심 스틱커피를 타 먹었다. 당을 채웠는데도 컨디션이 올라오지 않았다. 그런데 뭐 별수 있나. 나는 한숨을 크게 한 번 쉬고 팔을 돌려 스트레칭을 한 뒤 가방을 풀고 노트북을 꺼냈다. 왜 억울한지는 모르겠지만 왠지 억울해서 매트리스를 펴고 30분 동안 멍하니 천장을 보고 누워 있었다. 이것저것 생각한 것 같은데, 일어날 때 생각하니까 아무 생각도 안 한 것 같았다.

미친 듯이 시나리오를 쓰기 시작했다. 두 시간 만에 오늘 분량을 끝냈다. 팀장에게 메일을 보낸 뒤 가방을 쌌다. 산책을 해서 땀을 빼면 기분이 나아질 것 같았다. 네이버 지도를 켰다. 대학원에 다닐 때 자주 갔던 카페 생각이 나서 이촌동 쪽을 살펴봤다. 무슨 카페였더라. 거기에서 작업하다가 유지태도 봤는데. 김효진도 보고. 찾다 보니까 거기 무슨 돈가스 가게가 맛있었던 기억이 났다. 상호가 떠오르지 않아 검색했다. 한강맨션 상가에 있었는데……맞다. 모모야였다. 막 엄청 특별한 맛은 아닌데, 돈가스

육질이 부드럽고 계속 먹어도 속이 편한 돈가스였다. 카레도 맛있을 거 같았는데…… 이촌동 산책을 하면서 먹을까 고민하다가 밥 먹은 지 얼마 되지 않아서 포기했다. 무엇보다 주동 픽업 시간 맞추는 게 애매했다. 내가 뭐 그렇지…… 결국 집으로 목적지를 결정했다.

네 이름은 뭐야?

화이트보드에 이렇게 적은 뒤 밖으로 나갔다, 엘리베이터를 기다리고 있는데, 전화가 왔다. 길버트였다.

6화
역시 마음먹기에 달린 것 아닐까?

휴대폰 화면을 아무리 들여다봐도 발신자는 길버트에서 만난 감독의 번호였다. 진동이 울리는 휴대폰을 주머니에서 꺼내 들고 있자니 기다리던 오디션 합격 소식이라는 느낌이 왔다. 드디어 올 게 왔구나. 그런데 진짜 오한기 배역을 맡으면 어쩌지? 나는 연기 경험도 없고, 대학 영화동아리에서 단편영화 배우를 해 본 게 다인데……. 그동안 내내 기다리고 있던 연락이었지만 막상 그 순간이 다가오니까 고민이 됐다. 얼른 결정을 내리지 않는다면 전화는 끊어질 테고…… 감독은 다음 후보한테 전화를 걸지도 몰라. 왜냐하면, 경험상 나는 절대적인 1순위가 된 적이 없으니까. 나도 모르게 내 무의식은 얼른 전화를 받으라고 손에게 지시하고 있었다. 나는 나 자신을 알고 있었다. 이렇게 고민을 해도 제안 받자마자 네, 하겠습니다, 사람 좋은 웃음을 지으며 흔쾌히 수락할 거라는 것.

끊어지기 전에 서둘러 전화를 받았다. 받았더니 예상대로 감독이었다. 인사치레를 하는 사이 엘리베이터가 도착했다.
— ……
— 네.
— ……
— 네?
— ……
— 네.
— ……
— 네?

29층에서 엘리베이터를 타고 내려오는 동안 나는 네와 네?를 반복할 수밖에 없었다.
— 주말 동안 생각해 보고 연락드릴게요.

엘리베이터에서 내린 뒤 대답했다. 생각지도 못한 제안을 받았는데, 하나는 「펜팔」 시나리오 각색 작업을 해 달라는 제안이었고, 다른 하나는 오한기 배역 면접에 면접관으로 참석해 달라는 제안이었다. 직접적으로 말을 하진 않았지만 감독이 이런 제안을 했다는 건 내가 오한기 역할에 떨어졌다는 것인데…… 오한기가 오한기 역할에 떨어졌다는 건 오한기가 오한기 역할에 적합하지 않다는 것이고…… 오한기가 오한기스럽지 않다는 것이고…… 오한기가 오한기에 어울리지 않다는 것이고…… 오한기가 오한기가 아니라는 것이고…… 그럼 오한기는 누구인가……. 나는 머릿속이 멍해졌다.

집에 가려다가 발걸음을 멈췄다. 심란했고 마음이 진정되지 않았다. 이 상태로 집에 갔다가는 주동이 징징거리면 신경질적으로 대응할 게 뻔했다. 문배동으로 발길을 옮겼다. 하염없이 걸었다. 생각을 정리하기 위해 걸었는데 아무런 생각도 떠오르지 않았고 매번 이랬다는 생각이 들었다. 삼각지 고가도로 육교를 건너 공덕역 방향으로 걸었다. 오한기…… 오한기…… 오한기…… 내 이름을 되뇌며 걷다 보니 오한기를 짝사랑하는 오한기인 것 같기도 하고…… 내가 그리 자기애가 강했나. 그렇게 카메라 앞에 서고 싶었어? 진짜 관종이었던 거야? 자괴감도 들었다. 문득 고개를 드니 공덕역에 도착해 있었다. 여의도 짝퉁 같은 공덕역 풍경이 마음에 들지 않아 다시 효창공원 쪽으로 방향을 잡았고 단조로운 풍경에 지쳐 골목으로 들어섰다.

정신을 차려 보니 무이 베이커리 앞이었다. 소금빵 매니아인 진진을 위한 소금빵과 주동이 좋아하는 크로아상을 샀다.

 백범로와 원효로가 교차하는 사거리까지 내려왔다. 비현실적인 풍경이 펼쳐졌다. 조선시대 병사 복장을 한 사람들이 차도 위를 줄줄이 걸어가고 있었고 중간중간 갑옷을 입은 장군들이 말을 타고 행차하고 있었다. 10분 넘게 행렬이 계속됐고 경찰의 주도로 차들은 정차했으며 신호등도 정지돼 있었다. 이게 어떤 행사인지 아니면 타임루프물인 웹툰을 원작으로 하는 사극이라도 촬영하는 건지 궁금해하다가 시간이 좀 더 흐르니까 궁금증은 사라지고 대체 왜 이 시대착오적인 복장의 인간들이 지나갈 때까지 기다려 줘야 할까 살짝 짜증이 났다.

 나는 행렬이 끝나고 신호가 바뀌길 기다리면서 생각에 잠겼다. 이렇게 실패감에 휩싸이다니…… 대체 내가 심란해하는 이유는 뭘까? 캐스팅되지 못했다는 것에 왜 이렇게까지 충격을 받는 거지? 배우가 꿈이었던 적은 아예 없잖아? 지금쯤 고덕역으로 향하는 지하철에 몸을 싣고 「오피스」를 보며 키득거리고 있어야 하는데…… 내가 왜 연고도 없는 문배동에서 조선시대 졸병들의 행렬을 보고 있는지 이해가 되지 않았다. 문득 언젠가 진진이 『퀀텀 시크릿』이라는 책을 보다가 나는 '약력형' 타입이라 분위기에 잘 휩싸이는 단점이 있다고 말해 줬던 게 기억났다. 그때는 웃어넘겼는데 돌이켜보니 맞는 말이었다.

[약력형 특징]

체감(기)에 반응한다.

직감을 중시한다.

천천히 말한다.

말수가 적다.

촉감으로 옷을 고른다.

체감을 중시한다.

체감(기)으로 표현한다.

직관력이 높다.

체감해 기억한다.

직감, 느낌을 말한다.

수용력이 있다.

애정이 깊다.

---

1   다카하시 히로카즈 저, 이선주 역, 알레, 2023.

전개형이다.

배려가 많다.

타인을 생각하고 마음을 쓴다.

위로를 잘한다.

내향적(음)+공감형(음)

 진진은 이 책을 읽고 나서야 왜 내가 의견을 개진하고 이유를 설명하지 못하는지 알 것 같다고 했다. 티 내진 않았지만 나도 평생의 수수께끼를 푼 기분이 들었다. 참고로 진진은 '강력형'이다. 내향적(음)+목적지향(양).

 고덕역에 도착했다. 주동을 픽업해서 집에 돌아왔다. 심심하다고 하길래 뭐 하고 놀까, 물었더니 주동이 유튜브를 보고 싶다고 했다. 나는 주동의 영상물 시청을 반대해 왔는데, 아이패드를 보고 있으면 주동이 가래가 낀 듯 헛기침을 하거나 눈을 깜빡이는 틱 증상을 보였기 때문이었다. 미취학 아동이나 초등 저학년의 경우 즐거움을 중단하려고 할 때 불안감이 극심해서 틱 증상으로 발현된다고 하는 칼럼을 읽은 적이 있었다. 그래서 보통 놀이터로 나가 놀아 주는 편인데 11월에 접어들면서 날이 추워졌고 심심한 주동의 눈에 다시 아이패드가 들어온 것 같았다. 나는 주동에게 다른 놀이를 제안했다. 퍼즐 맞추기 대결, 원카드, 모노폴리, 시나모롤 그리기, 유치원 놀이, 태권도장 놀이…… 주동은 모든 제안에 고개를 저었다. 아, 맞다. 비장의 카드. 한동안 주동이 찾았는데 깜빡하고 있었던 것. 나는 『마법의 고민 해결 책』을 내밀었다.

― 그거 아빠 가져. 이제 필요 없으니까.

― 왜? 이거 네가 사 달라고 졸라서 산 거잖아?

― 아빠가 가져가서 주지 않는 바람에 이제 재미가 없어졌어.

주동이 받아쳤다. 뭐, 팩트라서 할 말이 없었다.

― 아빠 책임이라고.

주동이 나를 공략했다.

― 주동아, 미안한데…… 그게…….

― 아이패드 보게 해 주면 용서해 줄게.

주동이 제안했다.

주동과 실랑이를 벌이다가 마음이 약해져서 유튜브를 켜 줬다. 대신 평소와 달리 주동의 옆에 앉아 같이 봤다. 「엘리가 간다」 「캐리TV」를 보는 건 고역이었지만 주동은 아빠와 같이 본다는 것 자체가 즐거운 것 같았다. 다행히 틱 증상은 나타나지 않았고 유튜브를 보더라도 보호자가 곁에 있는 게 아이에게 안정감을 주는 것 같다는 생각이 들었다. 세 편 정도 보다가 어떻게 그만 보자고 할지 고민하던 중 진진이 퇴근해서 자연스럽게 유튜브를 껐다. 계란말이를 굽고 오징어볶음을 해서 저녁을 먹은 뒤 주동과 유치원 역할 놀이를 하다가 샤워를 시키고 잠을 재웠다.

*

주말에는 불행하게도 스케줄이 가득했다. 더군다나 이틀 내내 운전을 해야 했다. 토요일에는 친척 모임에 참석하기 위해 뒷좌석에 주동을 태우고 송도로 향했다. 물리적인 거리는 멀지만, 강동에서 송도까지 운전하는 건 생각만큼 어렵지 않았다. 수도권제1순환고속도로를 타고 동에서 서로 직진만 하면 된다. 시시각각 변하는 풍경을 보는 맛도 있었다. 시흥, 안양, 안산처럼 낯선 풍경들이 고속도로 너머로 보이면 노트북을 켜고 묘사하고 싶은 충동이 들었다.

예상보다 일찍 도착했다. 송도 현대아울렛에서 시간을 때우다가 모임 장소인 이탈리안 레스토랑으로 갔다. 코로나로 인해 오랜만에 보는 친척이 대부분이었다. 그래도 조금 있다 보니 긴장이 풀렸다. 나는 평소처럼 가만히 앉아 대화를 나누고 술을 먹는 사람들을 바라보았다. 묻는 말에만 겨우 대답하면서.
내일모레 마흔인데 이렇게 너드처럼 굴어도 되나 싶기도
했지만 앞에는 나와 피와 섞인 인간들이 바글거렸고 나는
팔짱을 낀 채 언제라도 떠날 마음의 준비를 하고 있었다. 옆을
돌아보니 나와 똑같은 표정으로 두리번거리는 주동이 보였다.

― 한기 너는 어렸을 때도 겉돌더니 지금도 겉도네. 네
딸도 마찬가지고.

친척 누나가 말했다.

미안하다, 주동아.
수도권제1순환고속도로를 가로지르며 강동으로 가는 길,
잠든 주동을 향해 중얼거렸다.

*

일요일에는 오전부터 분주했다. 진진과 주동을 태우고
송도 모임에서 큰 고모가 준 김장김치를 성남 본가까지
배달했다. 그 뒤 진진의 롱패딩을 사기 위해 하남 스타필드에
갔다. 주차장으로 가는 길이 밀려서 한 시간이 넘게
대기해야 했다. 늦어도 4시에는 장인어른 칠순 모임 장소인
리버사이드 호텔로 넘어가야 하는데 늦지 않을까 불안했다.

대기가 길어지자 주동은 잠이 들었다. 진진과 평일에 못다 한 대화를 나누다가 「펜팔」 영화 제작에 대해, 오디션 탈락과 그 대신 받은 제안에 대해 이야기하며 어떻게 할지 모르겠다고 고민을 토로했다.

— 각색료와 면접비는 준대?

진진이 물었다.

— 당연하지.

내가 답했다.

— 그럼 뭐가 고민인데?

진진이 시큰둥하게 되물었다. 그러고 보니 고민할 게 없었다. 각색이나 면접이나 노동이고 노동에 대한 대가를 받으면 끝. 이게 이 세상을 이루는 가장 간단한 법칙이었다.

— 그래, 할게.

내가 말했다. 대답이 없었다. 백미러를 보니 어느새 진진도 잠들어 있었다. 지하 주차장으로 진입하고도 대기는 계속됐다. 어둡고 고요한 차 안에 있자니 마음이 착 가라앉았다. 문득 무방비 상태라는 생각이 들었다. 내가 작업실의 침입자라면 지금 오한기의 가족을 노릴 것이다. 침입자가 차창을 깨고 들어오는 장면이 상상됐다. 이어서 진진이 시큰둥하게 칼이나 망치 따위를 쥐어 주는 장면이 상상됐다.

─ 뭐해, 처리하지 않고?

그러니까 더 이상 침입자가 두렵지 않았다.

*

월요일. 작업실로 출근했다. 혹시 몰라 문을 벌컥 열고 들어갔다. 침입자는 없었다. 화이트보드도 깨끗했다. 녀석 눈치 빠른데? 이번에 걸렸으면 넌…… 나는 주위를 살폈다. 무기로 삼을 만한 대걸레 자루가 보였고 안심이 됐다.

역시 마음먹기에 달린 거 아닐까. 생각해 보면 사는 내내 모종의 이유로 항상 불안해했잖아. 침입자는 그 불안의 상징이다. 어제 스타필드 주차장에서 나는 침입자를 없앤 걸지도 몰라. 상징적으로! 맞아, 침입자는 내 내부에 있었던 거야. 국어 교과서에 실린 「봄봄」이나 「감자」를 해석하듯 진부하게 상황을 정리한 뒤 노트북을 켰다.

남산타워는 침입자다.
오리온 사옥은 감자다.

묘사 연습으로 손을 푼 뒤 메일함을 열었다. 어김없이

팀장에게 피드백이 와 있었다. 작업에 몰두하기 시작했다. 팀장에게 시나리오도 보내고 Uu와 통화도 하고 잡지 《굿닛》에 보낼 소설도 마감했다. 작가정신에 전화를 걸어서 아마도 내년에 출간될 육아 연작 소설집에 대해 논의도 했다. 그리고 심호흡을 한 뒤 길버트에 수락한다는 메시지도 보냈다. 이번 주 금요일 오한기 배역 오디션이 있으니 약수동 사옥으로 오라는 답장이 왔다.

   돈을 받고 하면 된다. 결정하고 보니까 생각보다 심플했다. 긴장이 풀렸는지 머리가 지끈거렸다. 타이레놀을 먹고 매트 위에 누웠다. 눈을 감았는데 잠이 오지 않았다. 유튜브를 켜니까 알고리즘에 「강과장」이 떴다. 나와 동갑이고 육아를 하고 있다는 공통점이 있었지만, 삶에 대한 태도는 정반대라서 업데이트될 때마다 보는 유튜브였다. 유튜브를 보는데 마침 강과장님이 작업실 앞에 있는 이자카야 시후쿠에서 육회덮밥과 오코노미야키를 먹는 장면이 나왔다. 뭐야, 이건. 운명인가. 갑자기 허기가 졌다. 벌떡 일어나 시후쿠로 향했다. 국방부 점심 회식이라도 하는지 가게 안에 군인들이 가득했다. 그 사이에 자리를 잡고 육회덮밥을 주문했다. 오코노미야키도 주문할까 하다가 다 먹을 자신이 없어서 포기했다. 간장소스와 육회의 조합.

누구나 상상할 수 있는 맛이어서 아주 오래전부터 먹어 왔던 음식 같다는 생각이 들었다.

그 뒤 아무 생각 없이 작업실로 되돌아왔다가 기습을 받은 것처럼 깜짝 놀랐다.

집의 모럴
형태는 기능을 따른다
집은 살기 위한 기계가 아니다

화이트보드에 이렇게 적혀 있었다.
또 시작이구나. 해도 해도 너무 한 거 아니야?
나는 대걸레 자루를 움켜쥔 채 주위를 두리번거렸다. 침입자는 보이지 않았다.
— 어디 숨었어? 왜 하필 나냐고. 작가를 노리는 거면 더 유명한 작가도 많잖아? 뭐? 집의 모럴? 거기다가 이제 정지돈 흉내까지 내서 나를 희롱해? 이 새끼야, 안 튀어나와?
이성을 잃었던 것 같다. 정신을 차렸을 때 나는 고래고래 소리를 치고 있었다.
그때 화장실 문이 벌컥 열렸다.
— 한기 씨, 무슨 일이에요?

7화
내가 침입자보다 두려워하는 것

 화장실 문이 열리며 나온 건 정지돈이었다. 대걸레 자루를 움켜쥐고 목청껏 소리를 지르고 있는 나를 보더니 정지돈도 놀란 모양이었다.
 ― 한기 씨, 왜 대걸레를 쥐고 계신지…… 청소라도 하려고 하시는……?
 정지돈은 말을 제대로 잇지 못했다.
 ― 딱 걸렸네. 재미있었어요?
 나는 정지돈을 향해 대걸레 자루를 겨눴다.
 ― 네?
 ― 내 바보 같은 반응이 재미있었냐구요.
 내가 화이트보드에 적힌 문장들을 가리키며 정지돈에게 다가갔다.

―아니, 한기 씨……. 워…… 워…….

정지돈이 나를 진정시키는 손동작을 했다. 어디, 들어나 보자. 나는 변명할 기회를 줬다. 정지돈은 지금 무슨 상황인지 모르겠다고 했다. 내가 그동안 비좁은 작업실 어디에 숨어 있었냐고 했더니 정지돈은 무슨 말이냐고, 자기는 어젯밤 독일에서 귀국했고 한 달 만에 작업실에 온 거라고 했다. 나는 그걸 어떻게 믿냐고 했다. 정지돈은 헛웃음을 지으며 그걸 왜 속이겠냐고 했다.

―이 장난을 치고 싶어서?

―아니, 안 그래도 마감 때문에 바빠 죽겠는데 한기 씨한테 장난을 친다고요? 이거 봐요, 나 뮌헨에 있었다니까.

정지돈이 헛웃음을 치며 핸드폰 사진첩을 보여 줬다. 뮌헨에서 찍은 사진들이 보였다.

―아니, 이런 건 얼마든지 속일 수 있잖아요. 다운받아서 합성하면 되지!

―내가 한기 씨를 속이기 위해서 그런 수고를 한다고요? 그래서 내가 얻는 게 뭔데?

정지돈이 물었다. 그 순간 비로소 두뇌가 이성적으로 작동하기 시작했다. 그건 그래. 맞아. 이래서 정지돈이 얻을 게 전혀 없잖아. 무엇보다 우린 이제 장난 같은 걸 칠 나이가 아니다. 장난 뒤의 책임을 두려워할 나이지.

―아니, 진짜 이렇게 치사하게 굴 거면 그냥 작업실 안 쓸래요. 한기 씨가 먼저 마음대로 쓰라고 했잖아요.

　정지돈이 말했다. 전부 맞는 말이라 얼굴이 달아오르는 게 느껴졌고, 미안하다는 말 이외의 어떤 말도 떠오르지 않아서 계속 미안하다고 했다.

　―한기 씨, 정신 차려요.

　정지돈이 나를 달랬다.

*

　화이트보드에 적힌 문구는 내가 점심을 먹으러 간 사이 정지돈이 건축에 관한 글을 구상하며 메모한 것이었다. 나는 면목이 없어서 그의 눈을 바로 보지 못했다. 정지돈이 요새 무슨 일 있었냐고 물었다. 나는 그가 한국에 없는 동안 정체불명의 침입자에게 시달렸던 일부터 영화「펜팔」오디션에서 떨어진 이야기까지 숨도 쉬지 않고 이야기했다. 정지돈이 심각한 표정을 지으며 말했다.

　―한기 씨, 꿈꾸고 있는 거 아니죠?

　―이거…… 꿈인가요?

　내가 되물었다.

　―글쎄요, 한기 씨가 더 잘 알지 않을까요?

―그러게, 꿈이었으면 좋겠네요.
―산책이나 갈까요?

정지돈이 한숨을 쉬며 말했다. 대통령실 방향으로 걸으며 이야기도 나누고 커피도 마셨다. 오랜만에 주동이 아닌 사람과 대화를 나누니까 뭔가 현실감이 돌아왔달까……
휴…….

*

내가 침입자보다 두려워하는 게 있었으니 바로 누군가를 만나 함께 시간을 보내는 행위다. 그리고 이번 주는 공포의 약속 주간이었다. 딱히 후회하지는 않지만, 나는 내 커리어가 실패한 원인을 사람 만나는 일을 소홀히 해서라고 생각하고 있었다. 휴…… 처음에는 누굴 만났고 무엇을 이야기했고 어떤 걸 느꼈는지 자세히 썼지만 다 써 놓고 보니 무슨 의미가 있나 싶어서 간단히 메모 정도만 남긴다. 화요일에는 3년여 만에 한정현을 만났고, 수요일에는 작업실로 금정연, 이상우, 강보원, 강동호가 놀러 왔다. 목요일에는 오랜만에 회사로 가서 팀장과 미팅을 했다. 그래도 주 주무관을 만난 이야기는 조금 길게 써 봐야겠구나.

금요일은 내 생일이었고 낮에 주 주무관을 만났다. 생일을 축하해 준다며 친히 연차를 내고 스페인 레스토랑을 예약하고 와인까지 준비한 주 주무관. 고맙긴 하다만…… 참고로 나는 술을 입에도 대지 않고 주 주무관은 와인 중독자다. 우리는 잠실 롯데백화점 내 만남의 광장이라고밖에 표현할 길이 없는 실내 광장에서 만나 석촌호수 인근 스패니시 레스토랑으로 향했다. 주 주무관은 빠에야, 하몽 샐러드, 이베리코 목살스테이크, 감바스 피칸테를 주문했다. 하나하나 맛은 나쁘지 않았는데, 전부 느끼하다 보니 조합이 아쉬운 느낌이었다. 쏨땀이나 똠양꿍 같은 역할을 하는 음식이 있었으면 어떨까 말하고 싶었지만 만족하는 주 주무관의 표정을 보며 괜히 성가신 논쟁이 벌어질까 봐 입을 다물었다.

　우리는 근처 스타벅스로 자리를 옮겨서 못다 한 이야기를 나눴다. 주 주무관은 더 이상 직장 생활을 지속할 수 없다며 웹소설을 쓰기로 결심했다고 했다. 나는 순수문학이 아니라 웹소설로 방향을 잡은 걸 높이 치며, 그러기 위해서는 꾸준히 글을 쓰는 연습부터 시작해야 하지 않겠냐고 조언했다. 주 주무관은 때가 아니라며 고개를 저었다.
　—아직 한 번도 소설 같은 걸 써 보지 않았잖아. 일단

시작해 봐.

내가 말했다.

— 아니, 아직 준비가 안 됐어. INTJ는 완벽하게 준비되지 않으면 움직이지 않는다니까.

주 주무관이 말했다. 나는 그 준비가 노트북에 한글 창을 띄워 놓고 키보드를 두드리는 거라고 했다. 그랬더니 주 주무관이 반박했다.

— 아니라니까! 나는 INTJ라고! 그거 알아? 마크 주커버그도 INTJ야!

나는 마크 주커버그가 나올 줄은 상상도 못 했고 말문이 막혀 버렸다.

— 내가 20년 동안 MBTI에 집착한 것도 캐릭터 연구의 일환이라고!

주 주무관이 넋이 나간 내게 카운터 펀치를 날렸다.

— 아직 시간은 많아. 난 아직 마흔도 되지 않았고.

주 주무관은 거장이면 거장일수록 40대 이상의 나이에 첫 작품을 내는 경향이 있다고 말했다. 나는 그게 누구냐고 물었다.

— 도스토옙스키.

주 주무관이 말했다. 나도 오기가 생겨서 핸드폰으로 검색했다. 우리의 표도르 도스토옙스키 님은

1821년 태어나셨고, 1846년 첫 작품인 『가난한 사람들』로 데뷔하셨다. 작품을 쓰는 기간을 제외하더라도······.

― 20대 중반에 데뷔했는데?

내가 반문했다.

― 그럼 미셸 우엘벡?

― 보자, 보자. 좀 늦네, 이 양반은. 『투쟁 영역의 확장』이 데뷔작인데 서른대여섯 살에 쓰셨네?

내가 말하자 주 주무관의 얼굴이 붉어졌다.

― 야, 시대 보정이라는 게 있잖아.

― 그게 무슨 말이야?

― 생각해 봐. 전쟁이나 혁명을 겪었냐, 가난이나 궁핍을 겪었냐. 현대인들의 정신 수준은 어리기 그지없다고. 그러니까 열 살 정도는 플러스 해 줘야지. 지금으로 치면 도스토옙스키는 30대 중반, 미셸 우엘벡은 40대 중반!

― 에이, 아무리 그래도······.

말은 이렇게 했지만 어떻게 보면 주 주무관의 말이 맞는 것 같기도 하고······ 살짝 헷갈리기 시작했다.

― 한기야, 합리적으로 생각하는 훈련을 해 봐. 내 말이 바로 이해 갈 거야. 역시 감정적인 INFP답네.

주 주무관이 거들먹거렸다. 윽, 또 당했네.

　　　　　　　　　＊

　주 주무관과 헤어진 뒤 주동을 픽업하고 집에 왔다. 진진이 퇴근하기를 기다렸다가 딸기 타르트에 초를 꽂고 파파존스 피자를 주문해서 생일 파티를 했다. 한참 수다를 떨고 있었는데 임대인에게 전화가 왔다. 무슨 일이냐고 하니까 이사를 가 줄 수 있냐고 했다. 계약 기간이 1년 넘게 남았는데 무슨 말이냐고 하니, 아파트 분양이 당첨됐는데 계약금 때문에 집을 내놨다는 답이 돌아왔다. 대신 복비, 이사비까지 지원해 주겠다는 제안이 뒤따랐다. 생각해 보겠다며 전화를 끊고 검색해 봤더니 거부할 권리는 있지만 통상적으로 임대인에게 맞춰 준다는 의견이 다수였다. 요약하면 좋은 게 좋은 거다…… 뭐 이런 이야기. 생일 파티는 중단됐고, 진진과 머리를 싸매고 어디로 이사할지 고민했다.

　─ 회사와 가까운 왕십리 어때?

　진진이 제안했다.

　─ 왕십리 싫어!

　옆에서 듣고 있던 주동이 외쳤다.

　─ 그럼 작업실과 가까운 이촌동 어때?

　내가 제안했다.

―이촌동 싫어!

 주동이 외쳤다. 주동은 이미 친구와의 관계에 대해 생각할 나이였고 고덕동을 떠나지 않겠다며 배수의 진을 쳤다. 같은 아파트 단지 전세 시세를 훑어봤지만 1년 만에 많이 올라간 상태라 역부족이었다. 이건 어쩔 수 없는 문제다, 어른이 되면 알 거다, 나는 평생 내 입에서 나오지 않을 말로 주동을 설득했고 주동은 한 달에 한 번 고덕동 친구들과 자리를 마련해 줄 것, 그리고 시나모롤 인형을 사 주는 조건으로 허락했다. 그 뒤 주동이 적응하기 수월하도록 가까운 명일동으로 지역을 좁히고 전세 매물을 살펴보고 있는데, 임대인에게 문자가 왔다.

―오래오래 행복하게 사세요.

―그게 또 무슨 말씀이신지…….

―돈 해결됐으니까 계속 사셔도 된다구요.

 임대인이 대답했다. 뭔가 약이 올라서 머리를 싸매고 있을 때 주동이 말했다.

―아빠, 시나모롤 인형은 그래도 사 줘야 한다?

*

　주말에는 진진이 지방으로 출장을 갔다. 주동과 1박 2일을 보낼 상상을 하니 오금이 저리기도 했고, 한편으로는 딸이 더 크기 전에 언제 이렇게 오붓한 시간을 보낼까 싶기도 했다. 육아는 이 세상 무엇보다 양가적인 지점이 극명하게 대비되는 분야인 것 같다. 어느 타임에 딸과 보내는 오붓한 시간이 들어갈지 의문이었지만, 내가 세우고 주동이 컨펌한 주말 플랜은 대략 다음과 같았다.

　— 생일 선물 미리 사 주기(시나모롤 오로라 무드 등, 좀 비싸지만 주동이 기분이 좋아지니까?)
　— 성남 본가로 가서 엄마와 공동 육아(점심 해결! 일석이조!)
　— 차로 이동하며 재우기(혼자만의 시간, 고독을 즐기자!)
　— 귀가 및 아이패드 타임(휴식 휴식 휴식)
　— 자전거 타고 아파트 단지 놀이터 투어(우연히 주동의 친구를 만나면 더 좋고)
　— 샤워 및 빠른 취침(휴식 휴식 휴식)

　결론부터 말하면 우리의 1박 2일은 시나모롤 오로라 무드

등 하나로 해결됐다. 시나모롤 캐릭터에 보석 십자수를
직접 수놓고서 무드 등을 만드는 DIY 장난감인데, 14세 이상
권장이라고 적혀 있을 때부터 알아봤어야 했다. 성남에
도착해서 점심을 먹고 무려 다섯 시간 동안 십자수를
수놓았다. 당연히 나 혼자.
—주동아, 네 건데 왜 넌 안 해?
귤을 까 먹으며 텔레비전을 보는 주동에게 물었다.
—14세 이상이잖아. 나는 여섯 살이고.
주동이가 대답했다.

*

주말이 끝나고 대망의 디데이가 밝았다. 오전 11시 약수동
길버트 사옥에서 오한기 배역 면접이 약속돼 있었다. 집에서
나올 때만 해도 별생각 없었는데 지하철에 타서 자리에 앉고
보니 주말 동안 주동을 보느라 면접 준비를 하지 못한 게
마음에 걸렸다. 어떤 질문을 던지면, 어떤 연기를 테스트하면
오한기 역에 적합한 배우를 선발할 수 있을까 고민이 됐다.
애초에 나를 면접관으로 선발한 이유가 있을 거 아니야.
오한기와 유사-오한기 사이의 텔레파시 같은 초현실적인
현상을 바라고 나를 택한 게 아닐까. 나는 웹하드 어플에

접속해서 사진첩을 들여다봤다. 10대 후반부터 현재까지 모습이 담겨 있었다. 대학교 1학년 때까지는 못 봐주겠다가 제대를 하고 첫 직장에 입사를 하기 전까진 살이 빠져서 그나마 볼만하네. 그 뒤에는 다시 못 봐주겠고. 나는 고개를 들었다. 맞은편 창에 내 모습이 비쳐 보였다. 20년 동안 동일한 머리 스타일. 무슨 생각을 하는지 짐작할 수 없는 부루퉁한 표정. 구부정한 어깨. 나는 나에게 텔레파시를 보냈다. 운동이라도 해, 새끼야.

8화
소수 의견으로 남은 사람

 아무래도 환상에 젖어 있었던 것 같다. 오디션은 뭐랄까, 기대 이하였다. 총 스물한 명이 오디션을 봤는데 대부분 수도권 4년제 대학교 연극영화과 재학생이었다. 더 솔직히 말할까. 완전 실망했다. 내심 베네수엘라나 아이슬란드 등지에서 비행기를 타고 날아 온 배다른 동생이라도 기대하고 있었던 것 같다. 하다못해 내 소설 구절을 줄줄이 외우는 사생 팬이라도 나타나길 기대했건만…… 가장 의외였던 분이 경주에서 첨성대 관리인을 하고 있는 40대 남성이었으니…… 적고 보니 재미있는 분이긴 하네.

 아무튼 내 소설을 읽고 온 배우들은 다섯 명뿐이었고, 열여섯 명은 오한기가 누군지도 모르는 것 같았다. 내 소설에

관심이 있어서 오디션을 봤다기보다 독립영화를 통해
배우 커리어를 시작하고 싶어 하는 배우 지망생들이었다.
내 소설을 읽고 왔다는 다섯 명에게 어떻게 읽었는지
물어봤더니 그중 네 명이 공통적으로 오디션을 준비하면서
원작도 읽어 봤는데 너무 어려워서 무슨 말인지 이해하지
못했다고 대답했다.

 — 저 분이 「펜팔」의 원작자세요.

 감독이 나를 가리켰다.

 — 아, 굳이 안 해도 될 말씀을…….

 나는 이렇게 난감해하고. 뭐, 이런 상황들이 연속해서
펼쳐졌다. 오직 한 명만 「펜팔」을 읽다가 너무 좋아서 전작을
다 읽었는데 『홍학이 된 사나이』가 최고였다는 이야기를
했다. 그는 한술 더 떠서 '이 작가는 나중에 노벨문학상
수상까지 가능할 것 같다.'고 생각했다고 말했는데 그 배우의
눈에서 엿보이는 은은한 광기를 보아하니 그가 왜 내 소설을
재미있게 읽었는지 알 것 같았고 왠지 두려워졌다.

 말을 길게 했지만 결론을 말하자면 오디션 합격자는
내 소설을 아예 읽지 않고 온 열여섯 명 중 선발됐다.
독립영화판에서는 꽤 유명한 배우인지, 감독이 상당히
마음에 들어 했다. 처음에는 불만을 가졌지만 어차피 영화는

감독의 예술이라는 진부하면서도 진리인 문구가 떠올랐고 감독의 의견을 따르겠다는 의견을 던졌다.

그래도 오디션의 소득이라면 소득일까…… 아무튼 그런 게 하나 있었다. 관심 가는 인물이 하나 있었던 것이다. 다만 그는 배우가 아니라 제3의 심사위원이었다. 참고로 제3의 심사위원은 끝까지 이 오디션이 엉망이며 다시 날을 잡아야 한다고 주장하다가 다수결의 원칙에 따라 배우가 결정될 때 (나의 변심으로) 소수 의견으로 남은 사람이었다. 사실 우리는 친분이 있는 사이였다. 제3의 심사위원의 이름은 나일선. 그는 소설가로 『우리는 우리가 읽는 만큼 기억될 것이다』와 『우린 집에 돌아갈 수 없어』를 썼다. 고덕동으로 이사를 오면서 전처럼 자주 만나진 못했지만 자양동에 살 때만 해도 계절마다 만나 밥을 먹고 산책하는 사이였다.

나일선은 트위터 계정 @maborosi를 운영하는 문학계 최대 인플루언서이기도 했다. 네 컷짜리 영화 캡쳐나 커피나 디저트에 곁들인 책 사진을 10년 동안 꾸준히 업로드해 왔고, 팔로워가 아주 천천히 늘어나면서 지금은 7000명에 이르렀다. 어떻게 오디션 심사위원이 됐냐고 물으니, @maborosi 계정에 감독이 DM을 보내 섭외했다고, 가끔 한기

씨 소설 이야기를 했더니 연락을 취한 모양이라고, 어떤
인간이 한기 씨 역에 뽑힐지 궁금해서 수락했다고 대답했다.

    나는 나일선이 심사위원이 아니라 배우로서 오디션에
참가했으면 어땠을까 상상했다. 나일선의 첫 전공은 영화
연출이었고, 두 번째 전공은 문예창작이었다. 내 첫 전공은
생물학이긴 하지만 영화 동아리에 열심이었던 걸 감안하면
살짝 비슷한 인생이 아닐까 싶었다. 나일선은 나른한
분위기를 자아내는 인물로 얼굴이 작다는 것만 제외하면
오한기 배역에 제격이었다. 만약 나일선이 오한기 배역에
지원했다면 나는 두말할 것 없이 3순위 정도로 나일선을
캐스팅 예비 명단에 올려 두자고 감독에게 어필했을 것이다.
물론 감독이 고개를 가로저으면 금세 포기했겠지만 말이다.

    오디션이 끝난 뒤 대학로로 자리를 옮겼다. 나는 오후에
혜화동 예술가의 집에서 간담회가 있었고, 나일선은
수유 인근에 살기 때문에 대학로가 가까웠다. 대학로에
올 때마다 뭔가 마음이 요동치는 기분이 든다. 진진이
서울대학교병원에서 부비동 종양 수술을 받았을 때가
떠오르기 때문이다. 주동을 낳고 얼마 지나지 않아 진진의
오른쪽 볼이 부풀어 올랐고 치과에 갔더니 암일지도 모르니

바로 대학 병원으로 가라고 했던 기억. 그날 밤 주동을
장모님께 맡기고 허둥지둥 응급실에 갔더니 진진이 침착한
얼굴로 나에게 했던 유언 비슷한 말들. 하루 종일 기다려서
겨우 진료를 봤던 서울대학교병원 치과 대기실. 일주일 내내
마음을 졸이다가 들었던 양성 종양이라는 조직검사 결과
전화. 나는 아직도 진진의 오른쪽 볼을 보면 마음 한구석이
저릿했지만, 티를 내면 진진은 이렇게 말하곤 한다.
— 어휴, 이거 F야, F.

 우리는 늦은 점심을 먹으러 갔다. 지인 중 진정한
미식가라는 생각이 드는 사람은 박솔뫼를 제외하면
나일선뿐이었다. 그래서 나일선과 밥을 먹는 행위는 항상
기대가 됐다. 나일선은 CGV 뒤편 골목에 위치한 일식당
킨토토로 나를 이끌었다. 블로그 리뷰가 적어서 의심을 했고
HOT 떡볶이나 먹자고 제안할까 생각하기도 했는데, 결국 못
이긴 척 나일선의 발걸음을 따른 건 나쁘지 않은 선택이었다.
나는 타마고와 돈가스 두 피스가 들어간 풀토핑 마제소바를,
나일선은 타마고만 들어간 타마고 마제소바를 주문했다.
돈가스 한 조각을 먼저 집어 먹고 된장과 고추기름이 섞인
걸로 추정되는 소스에 우동면을 비벼서 한입 먹으니까
구수하면서도 매콤한 맛이 입안에서 은은하게 감돌았다.

남은 소스에 밥까지 비벼 먹으며 우리는 그동안의 근황에 대해, 쓰고 있는 소설에 대해, 앞으로의 계획에 대해, 일상에 대해, 자양동에서 함께 갔던 일식당들에 대해 이야기하다가 밖으로 나왔다. 소식가로서 폴토핑 마제소바는 배가 터질 것 같다는 아쉬움이 남았지만 대부분의 사람들에게는 포만감을 느끼기에 충분한 양이라고 생각했다.

나일선은 좋은 산책 파트너이기도 했다. 걸음 속도도 적당했고 말수도 없었다. 내가 묻는 말에 세심하게 대응해 줬고, 내가 나일선의 말에 적극적인 피드백을 하지 않아도 상처받지 않는 듯했다. 우리는 전에 나다 극장이 있었던 자리를 빙 둘러 이화동 벽화마을을 향해 걷기 시작했다. 5년 전, 10년 전에도 대학로에만 오면 이화동 언덕길을 올랐는데, 혼자도 걸었고, 진진과도 걸었고……

미세먼지가 심해서 오래 걷기 힘든 날이었다. 이화동 벽화마을을 지나서 이화사거리 방향으로 내려왔다. 서울대학교 사범대학 부속 초등학교와 부설 여자중학교, 마로니에 공원을 거쳐 나일선의 단골 카페 리히터(RICHTER)로 향했다. 나는 플랫화이트를, 나일선을 에스프레소와 탄산수를 주문했다. 플랫화이트를 한 모금

마시고 잘하는 카페라는 생각이 들었다. 라떼 종류의 커피는 고온이 적합하지 않다는 게 내 지론인데, 리히터의 플랫화이트는 적당한 온도라서 마음에 들었다. 커피를 마시는 사이 나일선은 로베르트 발저의 『연필로 쓴 작은 글씨』를 에스프레소 옆에 두고 사진을 찍고 있었다. 그의 사진 구도에 인플루언서의 비밀이 숨어 있기라도 한 듯 유심히 지켜봤는데 실은 아무 비밀도 없는 것 같아서 왠지 안심이 됐다. 그런데 이날 우리는 무슨 이야기를 했던 걸까. 뭔가 『야만스러운 탐정들』에나 나올 법한 우스갯소리를 하고 킬킬댔던 거 같은데 정확한 내용은 기억나지 않는다.

나일선과 헤어지고 예술가의 집에서 열린 강연 시장에 대한 간담회에 참석했다. 집에 와서는 주동과 '리합'을 했다. 리합은 주동이 개발한 무술로 태권도와 달리 귀여움을 강조하는 것이 특징이며, 리히! 우왕! 규규! 같은 기합 소리가 인상적이다. 주동은 매주 화요일 리합 교실을 열고 나를 가르쳤다. 리합을 하기 전엔 항상 경건한 자세로 이렇게 외쳐야 한다. 리! 안! 전! 합! 합! 격!

다음 날은 진진이 연차를 냈다. 주동을 유치원에 보낸 뒤 잠실 롯데월드몰로 향했다. 빌즈에서 핫케익과 롱블랙을 먹고 배가 덜 차서 이성당에서 야채 빵을 사서 나눠 먹었다. 그뒤 진진은 롱패딩과 귀걸이를 나는 실내에서 입을 수 있는 얇은 패딩을 샀다. 영화 「나폴레옹」도 봤다. 역사 속 인물을 평범하지 않은 방식으로 그리는 호아킨 피닉스의 연기에 살짝 지치는 느낌. 크리스토퍼 놀란에게 당신이 세 수는 위라고 메시지를 보내고 싶었는데 기고만장해진 그의 표정이 떠올라 하지 않았다. 영화가 끝난 뒤 출출해서 런던베이글뮤지엄에서 베이글을 사 갈까 하다가 대기 시간이 세 시간이라고 해서 포기했다. 그렇게 맛있나? 그런데 파이브가이즈는 언제 먹지…….

*

　수요일 아침이 밝았다. 주동을 유치원 버스에 태운 뒤 조리퐁을 우유에 말아 먹고 작업실로 출근했다. 오랜만에 직장인들 틈에서 「오피스」를 보고 있자니 안정감이 들었다. 작업실에 도착해서 본능적으로 화이트보드를 살폈다. 침입자는 화이트보드에 아무런 글자도 적어 놓지 않았고, 무슨 심리인진 모르겠지만 나는 살짝 섭섭했다.

　집에서 챙겨 온 돌빌레 감귤을 까먹으며 노트북을

부팅하고 메일을 확인했다. 팀장에게서는 시나리오 피드백 대신 연차를 알리는 메일이 와 있었다. 오늘 하루는 보고하지 않아도 된다는 내용이라서 마음이 편해졌다. 일단 미뤄 뒀던 잡무를 봤다. 관사에 입주한 주 주무관이 외롭다고 징징거리길래 다육이 세트를 보내 줬고, 블라인드가 망가졌다고 작업실 임대인에게 문자를 했다. 대학 선배를 따라 스마트 스토어를 한답시고 사업자등록을 해 놓고 방치해 둔 채 세금만 내고 있던 사업자 계정도 폐업 신고를 했다. 그 뒤 스트레칭을 하고 묘사 연습을 했다.

    감귤은 스마트 스토어다.
    화이트보드는 폐업 신고다.

Uu에게 시나리오 리뷰를 보낸 뒤 김영사에서 청탁받은 디저트 앤솔러지에 실을 소설을 구상하기 시작했다. 나에게 주어진 주제는 '초콜릿'이었고, 처음에는 생각만 해도 머리가 지끈거렸는데 머리를 굴리다 보니 어느 정도 각이 섰다. 북한 해주에 살던 큰아버지가 한국전쟁 때 족보 하나를 짊어지고 남한으로 피난 온 실화에서 착안했다.

9화
내가 쓰는 이야기가 어때서

12월 29일. 2023년의 마지막 주 금요일 작업실 출근길. 새해 연휴와 주동의 겨울방학으로 당분간 작업실에 나가지 못한다는 생각을 하니까 저절로 비장해졌다. 팀장한테 보고도 하고, Uu 시나리오 리뷰도 해 줘야 하고, 소설 마감도 해야 하고…… 할 일이 산더미. 주동의 유치원버스가 도착하기 전까지 오늘치 작업량을 끝내야 한다는 각오로 경주마처럼 달릴 예정이라서 그런지 노트북을 켜기도 전에 스트레스부터 받았다. 할 일이 있으면 못 견디는 성격을 드러내기라도 하듯 며칠 전부터 혀 밑에 구내염도 생긴 상태였다. 음식을 먹거나 물을 마셔도, 말을 하거나 입을 살짝 움직여도, 그야말로 뭘 해도 통증이 생기니까 짜증이 났다.

지하철을 타서 진진에게 구내염 때문에 죽겠다고 문자를 보냈더니 진진은 내가 푹 자지 못해서 그렇다고 답장을 했다. 나는 어떤 게 푹 자는 거냐고 물었다. 진진은 평생 숙면을 취해 왔고 그런 고민을 해 본 적도 없다며 꿈도 꾸지 않고 중간에 일어나서 소변도 보지 않고 6~8시간을 내리 기절하듯 자는 거라고 말했다. 그리고 아마도 네가 쓰는 이야기의 종류 때문에 숙면을 취하지 못하는 게 아닐까 추측한다고 덧붙였다. 나는 왠지 욱해서 내가 쓰는 이야기가 어때서 그러냐고 물었다.

― 네가 더 잘 알 텐데?

진진이 되물었다. 뭐, 모르는 건 아니지만 그래도 요샌 그렇게 하드한 소설을 쓰지 않는데 말이야. 예전엔 확실히 그랬다. 확실히 그랬지······.

― 올해는 좀 더 건전한 이야기를 써 봐.

진진이 이어서 말했다. 건전한 이야기라.

― 고민 좀 해 볼게.

답장을 하고 마침 자리가 나서 자리에 앉았다. 멍하니 생각에 잠긴 채 지하철에 몸을 맡겼다. 건전한 이야기에 대해 생각한 것도, 구내염에 대해 생각한 것도 아닌데, 뭘 그리 생각했을까.

환승하려고 기다리고 있는데 문득 내가 쓰는 소설의 서사 때문이 아니라 소설의 발표, 출간, 피드백 같은 자아를 갈아 넣은 이벤트들이 나로 하여금 잠을 못 이루게 하는 게 아닐까 생각했다.『의인법』을 출간하고 난 뒤부터 자다가 깨는 일이 부지기수였고 지금까지도 반복되고 있다는 생각도 들었다. 어쩌면 내게『의인법』출간은, 아니, 소설가가 되는 일은 운명이 아니라는 생각. 운명을 거스른 죄로 숙면을 취하지 못하는 벌을 받는 게 아닐지. 문창과로 전과한 게 문제야. 그냥 생물학을 전공하고 토익 공부 열심히 해서 농심이나 오뚜기에 취직할걸 그랬어. 그럼 행복했을까. 나중에 기회가 되면 수면장애 치료를 받고 싶다는 생각을 한 지 꽤 오래됐는데 아직 기회가 오지 않았다. 언제 기회가 올까.

환승했다. 간만에 네이버에 오한기를 검색했다. 요샌 예전만큼 악평이 없어서 스릴이 없달까. 검색도 자연스럽게 드문드문 하게 된다. 아무튼《악스트》개편 관련 뉴스에 내가 언급돼서 읽었다. 내가 그동안 악스트에 가장 많이 언급된 작가 중 하나라는 내용이었다.『의인법』출간 당시 《악스트》에 실린 리뷰가 기억난다. '헥스트레스'라는 단어가 들어간 제목이었는데 가물가물하네. 보통 한국문학은 서로서로 칭찬해 주지 않나? 게다가 첫 책인데? 어린

마음에 혼자 투덜댔던 기억이 난다. 처음에는 억울했는데, 이제는 『의인법』을 읽고 불쾌한 나머지 솔직하게 쓰자고 결론 내린 리뷰어의 심리를 추론할 수 있어서 이해할 수 있다. 그러고 보니 계간지 《창비》에 실렸던 중년 시인 둘의 대담도 기억난다. 만만한 신인 소설가 하나 등신 만드네? 이런 생각을 했던 기억. 지금은 괜찮다. 소설과 손절한 지 오래니까 어떻게 되든 상관없다. 이제 소설과 상관없는 인생이다. '소설과 상관없는 인생'. 내 다음 소설 제목.

좆같은 2024년, 새해 엿 많이 드세요.

작업실에 도착하니 화이트보드에 이런 문구가 쓰여 있었다. 피식 웃음이 나왔다. 뭐라고 대응을 해야 하나 생각하다가 부질없다는 생각이 들었다. 드럼 세탁기에 수건을 삶아 놓고 바닥도 청소하고 분리수거도 하고 싱크대 청소도 했다. 그러다가 충동적으로 다시 화이트보드 앞에 서서 하하하하하 웃었다. 갑자기 『인간만세』 생각이 나서 <u>ㄲㄲㄲㄲㄲㄲ</u>로 웃음소리를 바꿨다. <u>ㄲㄲㄲㄲㄲㄲ</u>. 안철수가 스트레스를 받으면 샤워를 하다가 소리를 지른다고 해서 우와 뭐야 이거 하고 놀란 적이 있는데, 나도 비슷한 행동을 하고 있는 건 아닌지. 그런데 안철수가 왜 떠오른 거지. _ㄱㄱㄱㄱㄱㄱ_.

미친 듯이 웃다가 혹은 웃는 시늉을 하다가 입이 아파서 멈추고 침입자의 새해 인사 밑에 하트 열두 개 그렸다. 왜 열두 개인지 모르겠지만…… 난 이런 건 의식의 흐름이 맡기는 편이라…….

가방에서 페리덱스를 꺼내 면봉에 묻혀 혀를 들추고 염증 부위에 발랐다. 오라메디는 효과가 없고 알보칠은 혼자 바르기 무섭고. 이비인후과에 가서 돈을 지불하고 의사한테 알보칠을 발라 달라고 해야 하나 고민했는데, 얼마 전부터 녹십자에서 나온 페리덱스를 쓰기 시작했다. 페리덱스로 인해 나는 구내염 자가 치료가 가능한 인간이 되었다. _ㄱㄱㄱㄱㄱㄱ_. 참고로, 자가 치료는 언제나 나를 매혹시키는 소재다. '자가 치료 인간'. 내 다다음 소설 제목.

국립중앙박물관은 페리덱스다.
용산 어린이정원은 ㄱㄱㄱㄱㄱㄱㄱ다.

묘사 연습을 한 뒤 노트북을 부팅하고 메일을 열었다. 팀장에게 메일이 와 있었다. 연말인데 그동안 고생 많았고 블라블라블라……. 요약하면 오늘 정규직은 휴일이지만 나 같은 프리랜서는 아니라며 오늘치 업무를 메일로 보내놓으라는 것, 그리고 하급자가 상급자에게 먼저 새해 인사 정도는 하는 게 인간으로서 도리라는 것. 응? 씨발? 여태까지 나한테 인간이길 요구하던 수많은 상사가 떠오르네. X팀장, X본부장, X부장, X회장……

그런데 내 상사들은 하나같이 비슷한 잔소리를 했구나. 그럼 나한테 문제가 있나, 진짜? 스무 살 때 대학교 신입생 환영회에서 선배가 왜 나한테 인사를 안 하냐며 재수했냐고 물었던 게 기억나네. 누구인지 알아야 인사를 하지. 나는 그 길로 집으로 돌아갔다. 대학교 내내 그 선배한테 인사를 안 했네. *ㄱㄱㄱㄱㄱㄱ*. 아무래도 난 덜된 인간 같다.

— 진작 인사를 드렸어야 했는데 죄송합니다. 2024년 모쪼록 좀 더 좆같으시길 바라며, 새해 엿 많이 드세요.

나는 이렇게 답을 쓴 뒤 보낼까 말까 고민하다가 후폭풍이 두려워서 관뒀다. 진진도 떠오르고, 주동도 떠오르고, 내 충동적인 행동에 피해를 입을 가족들의 어두운 얼굴이 머릿속에 그려졌다. 그런데도 화는 가라앉질 않네. 그냥 저질러 버려? 작업실 서가에는 얼마 전 지인들이 모였을 때 먹다 남긴 와인 병이 있었다. 와인을 마신 뒤 술기운에 보내 볼까. 그런데 와인을 먹고 보내는 것과 안 먹고 보내는 것의 차이는 뭐지? 어차피 상사에게 새해부터 악담을 보낸다는 건 똑같은데? 맛있는 와인도 아니고 싸구련데…… 술도 못하는데 해롱거리느라 하루를 망칠 게 뻔하고……. 결국 진진에게 사정을 설명하고 어떻게 하는 게 좋겠냐고 메시지를 보냈다.

―에휴.

진진은 한숨으로 답을 대신했고 나는 정신을 차린 뒤 메일을 지우고 정성스럽게 인사치레를 해서 답장을 보냈다.

그 뒤 Uu에게 올해 마지막 시나리오 리뷰와 새해 인사를 보낸 뒤 기분 전환 겸 점심을 먹으러 밖으로 나갔다. 성시경이 다녀간 효창공원 인근 순대국집을 갈까 햄버거나 먹을까 고민하다가 남영동 롯데리아를 택했다. 새우버거를 먹고 여느 때처럼 감탄했다. 와…… 미쳤다……. 롯데리아만큼 과소 평가된 프랜차이즈는 없다는 생각이 들었다. 카페 카키문에 들러 아메리카노와 플랫화이트 중 고민하다가 아메리카노를 테이크아웃해서 작업실로 되돌아왔다.

 핸드폰을 꺼두고 모든 약속은 뒤로 미룬 채 작업실에 틀어박혀서 일을 하기 시작했다. 솔직히 말하면 약속이라는 건 없었다. '노 약속 맨'. 남아도는 시간을 주체하지 못해 세상의 모든 트러블을 해결하는 약속 없는 외톨이.

 아, 약속이 없는 건 아니었구나. 크리스마스 연휴 때 주주무관이 서울 나올 일이 있다고 해서 커피 한잔했구나. 그런데 트러블이 있었다. 연말이라 좋은 이야기만 나누고 싶었는데 그러지 못했다. 집으로 터덜터덜 돌아오면서 나로서는 맞닥뜨리기 싫어서 덮어 뒀던 일, 좀처럼 봉해지지 않아서 언젠가 벌어지리라는 게 예상됐던 일, 그러니까 어쩔 수 없는 일이라는 생각이 들어서 후회는 되지 않았다. 연말이고 하니 기분을 풀어 주는 게 어떨까 생각도 했는데, 이게 무슨 의미가 있나. 그냥 다시 덮어 두는 거 아닐까. 나한테 좀 더 솔직해지자는 생각이 들었고 연락을 하지 않았다.

 다시 작업에 집중했다. 나는 여러 가지 일을 동시에 작업하는 걸 선호한다. 하나를 작업하다가 다른 글에 대한 영감을 떠올리곤 점프하는 시스템인데, 하나에 집중하지 못하는 내 성향과 맞아서 유지하고 있다. 장점은 나도 내가 뭘 쓸 줄 모르기 때문에 예상 외의 결과가 나온다는 것. 단점은 애초에 계획이 불가능하다는 것. 예를 들어 8화 말미에 말했던 초콜릿 테마 소설은 쓰다 보니 내용이 완전히 바뀌어 버렸다. 아. 언제까지 이 지랄 해야 하나.

*

30일, 31일은 도블밖에 생각이 안 난다. 도블은 일종의 그림 맞추기 카드 게임으로, 주동의 유치원에서 선풍적인 인기를 끌고 있다고 한다. 사 달라고 졸라서 이마트에 가니 오리지널 도블, 동물원 도블, 포켓몬스터 도블이 있었고 주동은 오리지널 도블을 골랐다. 가격은 16,000원. 테이블에 둘러앉아 하루에 3~4시간씩 카드 게임을 하는 단란한 가족. 게임에 질 때마다 우기고 우는 우리 유치원생. 심심해, 심심해, 우리 도블 하자!

도블을 백 판쯤 하니 토할 것 같았다. 도블 지옥. 태릉 진진 본가에 가서 갈비찜을 먹고 온 가족이 도블을 했고, 성남 본가에 가서 떡국을 먹고 온 가족이 둘러앉아 도블을 했다.

그리고 고덕동 집으로 돌아와서 도블을 하다가 태릉인지 성남인지 어딘가에 도블 카드 쉰네 장 중 네 장을 두고 온 게 떠올라서 주동에게 카드를 분실했으니 더 이상 못할 것 같다고 하니까 주동이 해맑게 웃으며 말했다.

— 아빠, 우리가 카드를 만들면 되잖아.

그렇게 카드를 만들어 도블을 몇 판 더 한 뒤 목욕을 시키고 간신히 주동을 재웠다. 누운 채 진진과 2023년과 2024년에 대해 이야기를 하다가 서가에 가서 1시간 정도 작업을 했다. 그 뒤 잠을 청했는데 갑자기 오른팔이 저려서 잠이 오지 않았다. 작년 연말에는 이가 아파서 새해에 이를 뽑고 임플란트를 했는데, 올해는 팔이 어떻게 되는 건 아니겠지? 다급하게 인터넷에 검색해 봤더니 목디스크나 어깨 결림에 따른 증상이라고. 어깨를 주무르니까 신경이 자극되는 느낌이 나더니 팔 저림이 완화되는 느낌이 들어서 안심이 됐다. 잠이 완전히 깨 버려서 넷플릭스에서 「베터 콜 사울」을 봤다. 전에는 무시했는데, 캐릭터의 전사가 이렇게 중요한 줄은 몰랐다. 나잇값인가…… 12시가 넘어서 잠시 새해라는 감상에 잠겨 있다가 대만 이민자들 브이로그를 보면서 잠이 들었다. 아, 알라딘《투비컨티뉴드》에서 연재했던 정연 씨의 마지막 일기도 봤구나. 일기왕 금정연.

통장에 100억쯤 넣어 두고 침대에 드러누운 채 매일매일 금정연의 일기를 봤으면 소원이 없겠네.

*

　새해다. 새해가 되면 언제나 「새해」가 떠오른다. 나는 「새해」라는 소설을 썼고, 「새해」는 내 창작력이 가장 왕성하던 시절에 쓰였던 소설이라 다시는 그런 소설을 쓰지 못할 것 같다. 처음부터 마지막까지 예상을 전부 빗나가서 스릴 넘쳤던 기억. 8시쯤 일어나서 잠깐 뒹굴거렸다. 친척 모임 카톡과 몇몇 출판사에서 새해 인사가 왔고 회신을 했다. 「펜팔」 감독한테도 새해 인사가 와서 답장했다. 답장을 하고 난 뒤 모든 새해 인사에 오타를 쳤다는 것을 깨달았다.

　새해 복 많으세요.

　교정해서 다시 보낼까 하다가 뭐 이 정도면 알아듣겠지 몰라 귀찮아서 포기. 세수와 양치질을 하고 원두커피를 내리다가 뭔가 허전함이 느껴졌다. 이쯤 되면 다다다다다 발걸음 소리가 나야 하는데. 심심해 심심해 아빠 하면서 나를 깨워야 하는데. 왜 주동이 일어나지 않지. 슬쩍 주동의 방을 열어 봤는데 침대에 누워 『카카오프렌즈 베트남 편』을 읽고 있던 주동과 눈이 마주쳤다.

— 주동아, 새, 새해 복 많이 받아. 책 재미있게 읽고, 배고프면 언제든 나와.

뒷걸음질 치고 있는데 주동이 씩 웃으며 외쳤다.

— 아빠, 도블 하자!

10화
소설 쓰니까 잼나네

주동의 유치원 겨울방학이다. 몇 가지 기록할 만한 에피소드가 있었는데, 쓸까 하다가 조만간 '마지막 겨울방학'이라는 제목의 글(소설? 에세이?)을 쓸까 고민하고 있어서 요약만 하고 넘어가겠다.

1월 2일 송파 어린이 치과&롯데월드몰
1월 3일 도블, 도블, 도블…… 심심해 지옥
1월 4일 초등학교 예비 소집일&동네 도서관
1월 5일 독감 예방 접종&하남 키즈카페
1월 6일 도블, 도블, 도블…… 우리 이제 제발 다른 게임 좀 살까?
1월 7일 노원 과기대 눈썰매장(with 사촌 언니)

1월 8일 천호 현대백화점 마술 쇼&교보문고
1월 9일 한성백제박물관&롯데월드몰
1월 10일 하남 보드게임 카페

 방학이 끝나는 걸 아쉬워하는 주동이…… 2월로 예정된 봄방학 때 무엇을 할지 주동과 의견을 교환하면서 겨울방학의 마지막 밤이 저물어 갔다.
 ―심심해.
 잠들기 직전 주동의 말을 듣고 진진과 나는 소름이 돋았다. 초등학교는 방학이 한 달이 넘는다는데 어쩌지…… 앞길이 깜깜했지만 닥치면 생각하기로……. 삭신이 쑤신다고 서로 징징거리며, 방학 동안 수고했다는 이야기를 끝으로 우리도 잠들었다.

 진진은 겨울방학을 위해 휴가를 소진했고, 나는 낮에는 육아를 밤과 새벽에는 작업을 하는 강행군을 펼쳤다. 예전 같았으면 방학 때 양가 어머님들이 한 번씩 도와주시고 우리도 숨을 돌리곤 했지만, 고덕동으로 이사를 오면서 양가가 애매하게 멀어졌고 방학 육아는 온전히 우리 몫이 됐다. 육아가 원래 우리 몫이라는 건 당연하지만 말이다……. 방학이란 고되고 힘든 것. 몸이 힘드니 가끔 진진과 티격태격했지만 큰일 없이 이렇게 아름다운 마무리를 할 수 있었다는 것에 만족한다. 미취학 아동의 방학을 견뎌 낸 이 세상 모든 부모들에게 평화와 안정이 깃들길.

참고로 주동은 다 재미있었다고 하는데, 내가 즐거운 스케줄은 없었다. 공포스러운 스케줄은 있었다. 눈썰매를 타다가 거의 죽을 뻔했으니. 아니다. 긍정적으로만 생각하자. 일곱 살의 주동과 함께 할 수 있어서, 주동이 자라는 모든 순간을 마음속에 캡처할 수 있어서 행복했다.

잊기 전에 초등학교 예비 소집일에 대해서는 한마디 해야겠구나. 초등학교나 예비 소집일 자체에 문제가 있었던 건 아니고. 유치원, 초등학교 같은 교육 기간은 정규직 맞벌이 가정 위주로 돌아간다. 그러니까 나 같은 프리랜서 작가 직군의 부모는 불리하다. 왜냐하면 서류 상 맞벌이로 인정해 주지 않아서 종일반이나 돌봄교실 같은 클래스를 선택할 수 있는 폭이 좁기 때문이다. 그나마 유치원에 다닐 때는 예술인복지재단에서 발급하는 증명서를 받아 줘서 종일반에 주동을 맡길 수 있었다. 초등학교에도 돌봄교실이라는 유치원 종일반 개념의 클래스가 있는데, 문의해 보니 프리랜서를 인정해 주지 않는 듯했다. 제출

가능한 서류를 체크해 보니 내가 제출할 만한 서류는 전무했다. 만약 돌봄교실에 주동이 나가지 못한다면 작업 시간을 마련하기 위해 학원을 돌리거나 낮밤이 뒤바뀐 채 작업을 해야 한다는 말인데…… 한숨을 쉬다가 가정통신문에 적혀 있는 돌봄교실 담당 교사에게 전화를 걸어서 프리랜서가 포함된 맞벌이 가정도 지원할 수 있냐고 물어봤다.

— 글쎄요, 지원은 자유죠.

담당 교사가 말했다.

— 물론 지원은 자유라는 건 알지만…….

당황해서 다음 말이 생각나지 않았다.

— 프리랜서라면 후순위로 밀릴 수도 있어요.

— 확실한 건 없나요?

— 저도 교육청에 알아봐야 하는 거라서 확답은 드릴 수 없어요. 일단 제출할 수 있는 서류는 전부 제출해 주세요.

담당 교사가 말했다.

— 제출할 수 있는 서류가 없는데요.

— 그럼 신청서만 제출하세요.

— 죄송하지만, 교육청에 지금 알아봐 주실 순 없나요?

— 지금은 좀 그렇구요. 일단 신청서라도 제출해 주시면…….

―네, 알겠습니다.

전화를 끊고 내 인생 자체에 대한 강한 현타가 치고 들어와서 녹다운. 진진에게 하소연하니 돌봄교실은 그른 거 같고 어떻게 해야 할지 생각 좀 해 보자고. 그래, 생각 좀 해 보자…….

*

1월 11일. 방학이 끝난 뒤 유치원에 가기 싫다는 주동을 달래서 겨우 유치원에 보냈다. 차창 너머에서 손을 흔들고 하트를 만드는 주동이. 나도 똑같이 해 주고 바이바이. 원래 소설 마감 때문에 마음이 급해서 작업실로 바로 출근하려고 했는데, 더 급한 일이 생겼다. 첫 직장에 다닐 때 만들어 둔 마이너스 통장 마감 기한이 도래했고 일부를 상환하라는 지령이 떨어진 것이다. 목돈이 없으니 다른 대출을 받아 틀어막는 수밖에. 부랴부랴 동네 은행 투어를 시작했다. 프리랜서라 잘 모르겠다고, 심사에 넣어 봐야 알 수 있다는 은행원들의 설명이 이해되지 않는 건 아니었지만…… 자격지심일까, 은행에 올 때마다 나는 이 나라 국민이 아닌 것 같은 느낌이 든다. 2021년, 2022년 소득보다 2023년 소득이 높아서 대출받는데 유리할 텐데 2023년 소득은

2024년 5월 1일 프리랜서 연말 정산이 끝난 뒤 7월부터 적용이 가능하다고 한다. 그래도 건강보험료 납부액으로 소득을 추정할 수 있으므로 관련 서류를 발급받아 오면 어느 정도 대출이 나올 것이다, 라는 대답을 듣고 일희일비. 집으로 돌아가서 서류를 프린트하고 다시 은행에 제출했다. 저녁쯤 전화가 온다. 두근두근. 안타깝지만 건보료 납부액이 부족해서 대출 심사에서 탈락했습니다.

*

1월 12일. 작업실로 출근했다. 요새는 「오피스」를 잠시 접어 두고 「베터 콜 사울」을 보고 있다. 웨이브에 「미스터 로봇」도 나왔던데, 마음이 급하네. 그런데 내가 언제부터 드라마를 좋아했던 거지. 개인적으로 영화는 너무 짧다. 한 번에 봐야 한다는 강박관념도 있고. 그러고 보니 다시 보고 싶은 미드가 많은데, OTT를 뒤져 보니까 계약기간이 만료됐는지 없었다. 「소프라노스」, 「빅뱅이론」, 「더 와이어」, 「매드맨」, 「홈랜드」⋯⋯. 「오피스」마저 없어지면 진짜 슬플 것 같다.

작업실에 도착했다. 엘리베이터에서 자주 마주치는 내

또래 여자분과 살짝 고개를 숙여 인사를 나눈 뒤 29층에
내렸다. 작업실 문에는 전에 살던 세입자에게 온 내용증명이
도달하지 못했다는 메모가 붙어 있었다. 전 세입자에게
어떻게 알릴 수 있는 방법이 없을까 부동산을 통해 연락해야
하나 고민하다가 발송지가 경찰서라 께름칙하기도 하고
오지랖인 것 같다는 생각이 들어서 관뒀다.

 작업실에 들어섰다. 화이트보드에는 미처 지우지 못한
침입자의 메모가 남아 있었다.

좆같은 2024년,
새해 엿 많이 드세요.

 책상에 앉았더니 내 자리에 메모지가 붙어 있었다.

 한기 씨 새해부터 너무 악담하는 거 아니에요? 그래도 저는 한기 씨가
새해 복 많이 받으셨으면 좋겠어요.

 정지돈이 쓴 메모였다. 내가 쓴 게 아니라고 메시지를
보내고 싶었지만, 왠지 오해를 더 쌓이게 할 것 같아서 얼굴
보고 이야기하기로. 오늘은 할 일이 많으니까.

국립한글박물관은 내용증명이다.

용산공원 반환부지는 돌봄교실이다.

　노트북을 켜고 묘사 연습으로 손을 푼 뒤 메일을 열었다. 회신하지 못한 이메일들에 답장을 보낸 뒤 팀장이 보낸 피드백을 반영해 시나리오를 수정했다. 오늘은 별다른 코멘트가 없었는데 주절주절 말이 많은 것보다 감정 소모가 적어서 한결 편했다. 그럼 로봇이 상사인 게 더 편하지 않을까 생각하다가 어차피 상사가 되면 없는 감정도 생기지 않을까 부질없는 짓이다, 라는 생각을 하며 생각을 이어 가길 포기했다. 시나리오 수정을 해서 예약 메일을 걸어 둔 뒤 Uu의 시나리오 리뷰를 하고 간단하게 코멘트를 보내니까 에너지 소진. 어서 소설을 써야 하는데 기운이 없어서 점심이나 먹자 하고 밖으로 나갔다.

　뭘 먹을까 고민하다가 일미집으로 향했다. 본점은 을지로에 있었던 걸로 기억하는데 갈 때마다 붐비거나 정기 휴일이라 못 먹었던 기억. 을지로 하면 자연스럽게 내 소울푸드인 명동교자가 떠오르는데 언제 가지. 명동교자에 안 간 지 한참 됐는데 말이지. 아무튼 작업실 근처에는 일미집 2호점이 있었다. 들어가니까 이른 낮부터 소주를 먹는 사람들이 많았는데 술과 감자탕을 같이 먹으면 맛있을까 대체 왜 술을 먹는 걸까 내가 술을 먹지 않아서 이해하지 못하는 걸까 나도 먹어 볼까 생각을 하던 도중 감자탕이 나왔다. 일미집 감자탕은 보통 감자탕에 비해 맑은 국물이었고 맛도 맑은 느낌이었다. 최소한의 간과 잡내 없는 돼지고기. 삶은 감자를 좋아하지 않아서 감자만 남긴 채 다 먹었고, 배부르지만 속이 편한 거 보니 역시 나는 소고기보다는 돼지고기가 체질에 맞구나라는 생각이 들었다. 일미집에서 나왔다. 바로 작업실로 들어갈까 하다가 따듯해서 원두도 살 겸 걷기로 했다. 신용산역 스타벅스에서 원두를 사고 가판대에서 로또 만 원어치를 사고 테디뵈르하우스에서 크루아상 하나를 샀다. 그리고 대구탕 골목을 어슬렁거리다가 아무 감각도 느껴지지 않는다는 것을 깨닫고는 이 동네를 뜰 때가 됐구나 생각했다.

  작업실에 돌아와서 초콜릿 테마 소설을 썼다. 쓰다 보니 생각보다 이야기가 더 예상 외의 방향으로 진행됐다. 나로서도 놀라울 정도. 이게 소설의 매력이 아닌가 싶다. 소설 쓰기에서만 느낄 수 있는 도파민. 뭔가 운명적인 것 같은 느낌. 여기에 속아서 나는 지금까지 소설을 쓰고 있고 앞으로도 쓰겠지. 아무튼 오늘 정해진 방향이 맞는 것 같아서 끝까지 밀어붙이기로 결정. 두 시간 정도 앉아 있으니까 원고지 30매 정도가 쓰였고 오랜만에 뭔가 해낸 것 같은 기분이 들었다. 트위터에 '소설 쓰니까 잼나네.'라고 남기기도 했다. 좋은 소설이 될지는 미지수지만…… 지금 당장은 기분이 좋으니까 만족한다. 글쓰기에 맞게 몸이 웜업됐다는 느낌도 들었다.

 한 시간 정도 작업을 더 하다가 주동의 하원 시간에 맞춰 집에 가려고 짐을 챙기고 있는데 엄마한테 전화가 왔다. 엄마와 아빠 병원 진단 결과와 수술 여부 결정에 대해 이야기를 했다. 전화를 끊고 아빠가 수술을 견딜 수 있을까 고민하다가 주동이 태어난 다음 날 아빠가 쓰러지고 지금까지 이어지고 있는 아빠의 투병기가 떠올라서 마음이 착잡해졌다. 진진에게 아빠 이야기를 하며 고민이라고 메시지를 보내니 해결할 수 없는 문제들로 괴로워하지 말라고, 현실적으로 할 수 있는 것들만 리스트업을 해서 지워 나가 보자고 했다. 맞다. 그 말이 맞다.

*

 에세이를 휴재하고 대략 4개월이 흘렀다. 본격적으로

시작하기 전에 에세이를 쓰지 않는 동안 어떤 일이 있었는지 간략하게나마 설명하는 게 좋을 듯싶다. 나는 변화를 두려워하는 편인데, 그동안 내 인생은 혼란 그 자체였다. 주동은 유치원을 졸업한 뒤 초등학교에 입학했고, 아빠는 아산병원에서 다섯 번째 수술을 했으며, 진진은 스타트업으로 이직을 했다. 주동이 『마법의 고민 해결 책』을 분실했기 때문에 나는 어디에서도 이 혼란을 멈출 해답을 구하지 못했다. 그러고 보니 정작 나는 그대로네. 나는…… 나는…… 나는 여전히 글을 쓰기 위해 작업실로 출퇴근을 하고 있었다. 그런데 왜 난 혼란스럽지?

11화
당신은 멘탈 킹입니다

에세이 연재를 마치고 단행본 준비를 하고 있을 때 크리스토퍼 놀란으로부터 메일이 왔다. 일종의 클레임으로 몇 문장을 발췌하면 다음과 같다.

나는 루틴이 중요한 타입이다. 차기작 시나리오를 집필 중인데, 글을 쓰는 동안 양복을 입고 음식을 먹지 않고 화장실을 가지 않는다. 그리고 자존심 상하지만…… 빌어먹을! 격주로 민음사 블로그에 올라오는 당신의 에세이를 읽곤 했다. 그러나 당신이 에세이 연재를 그만두고 난 뒤 아무런 시퀀스도 떠오르지 않는다. 아카데미를 휩쓸고 영국 기사 작위를 받았지만 행복하지 않다. 당신은 미래 인류 문화유산 손실의 주범이다!

물론 회신을 하진 않았다. 하지만 나 역시 다른 방향에서 연재를 멈춘 뒤 남은 원고를 이어서 쓰는 애로사항에 대해서는 공감했던 바였다. 사라진 루틴과 긴장감. 그리고 사라진 연재료.

지난 4월 현대문학 핀 시리즈 100권 출간 기념 행사장에서 김화진 편집자를 만나 농담 반 진담 반으로 크리스토퍼 놀란의 클레임을 전했다. 놀랍게도 김화진 편집자는 진지하게 받아들였고, 우리는 재연재를 하기로 결정했다.

*

2024년 5월 11일 토요일 새벽 5시 47분. 나는 침대에 앉아 있다. 평일에는 졸려 죽겠다며 학교 가기 싫어하던 주동. 주말이니까 늦잠 자라고 하자 시간 아깝다며 7시 기상을 선포했다. 작업할 건 많은데 시간이 얼마 남지 않아서 마음이 초조하다.

노트북을 켜고 소설을 썼다. 아직 쓴 게 없으니까 소설을 썼다는 표현이 정확하진 않은데 백지를 앞에 두고 소설에 대해 생각했으니까 썼다는 표현 외에 달리 어떻게 표현해야 될지 모르겠네. 30분 정도 그러다가 에세이를 쓰기 위해 다른 창을 켰다. 한동안 멍하니 키보드에 손을 올려놓고 있다가 허기가 져서 거실로 나갔다. 주동이 깰까 봐 살금살금 바나나를 챙겨 방으로 돌아왔다. 바나나를 먹고 다시 키보드에 손을 얹었지만 아무 생각도 떠오르지 않았다.

금정연의 일기 책 『매일 쓸 것, 뭐라도 쓸 것』을 읽었다. 이런 생각이 들었다. 정연 씨보다 이런 종류의 글을 잘 쓸 수 있을까? 도식적으로 따지면 나는 이 책의 합집합인데? 전에는 좋은 글들을 읽으면 나도 얼른 좋은 글을 쓰고 싶다는 생각을 했는데, 요즘은 내가 굳이 써야 하나 굳이? 수고스럽게? 이런 생각이 든다. 뭔가 체념적으로 변한 것 같아서 인터넷을 떠도는 우울증 검사를 했다. 결과는 다음과 같았다.

당신은 멘탈 킹입니다!

낮에는 광화문에 가서 고등학교 동창들을 만났다. 하와이대학병원에서 내과 의사로 일하는 친구가 5년 만에 귀국했기 때문이다. 사느라 바빠서 단톡방 친구가 되어 가고 있었던 친구들이 5년 만에 오프라인에서 모였다. 하와이 의사 하나, 대기업에 다니는 친구 둘, 대기업에서 스타트업으로 이직한 친구 하나, 대기업 취업에 실패하고 중소기업에 취직한 친구 하나, 그리고 작가 하나. 친구들은 5년 사이 많이 늙었고 그들 시선에 나도 그렇게 보일 거라고 생각하니 느낌이 이상했다. 죽음을 향해 달리는 아저씨들…….

하와이 의사는 초콜릿과 하와이 커피를 선물했고, 나는 『나의 즐거운 육아 일기』를 선물로 건넸다. 우리는 우육면관 광화문점에서 전골과 만두, 마파두부를 먹고 스타벅스로 자리를 옮겨 좀 더 수다를 떤 뒤 헤어졌다. 세 시간가량 이야기를 나눴는데, 대체 무슨 이야기를 한 걸까. 사진이라도 찍을 걸 그랬네.

*

일요일에는 빈둥거리다가 저녁이 돼서야 장모님, 장인어른을 모시고 늦은 어버이날 식사 자리를 만들었다. 천호 현대백화점 중식당 크리스탈제이드에서 딤섬, 탕수육, 탄탄멘, 짜장, 짬뽕을 셰어해서 먹었다. 혼종 중식당에 앉아 있자니 피에프창 생각이 났다. 피에프창에 갈 때마다 불행한 일이 생겨서 진진과 나는 더 이상 피에프창을 가지 않는다.

나중에 불행한 일이 생겨도 타격이 없을 정도로 부자가 되거나 멘탈이 좋아졌을 때 가면 되지 않을까. 응? 하지만 난 이미 멘탈 킹인데?

    초등학교 2학년이 된 조카는 우리가 밥을 먹고 대화를 나누는 동안 그림을 그렸다. 할머니, 할아버지, 엄마, 아빠, 고모, 주동이, 시나모롤, 키티, 마이멜로디, 폼폼푸린, 몰랑이…….
    ―언니, 내 아빠가 빠졌는데?
    주동이 지적했다.
    ―아 맞다!
    조카가 이렇게 외치며 고모부를 그리려는 순간 식사가 끝났고 카페로 자리를 옮기면서 자연스럽게 그리기는 멈췄다. 고모부란 존재의 존재감 없음에 대해 곱씹으며 조용히 라떼를 홀짝거리고 있을 때 조카가 핸드폰을 샀다고 자랑하며 내게 번호를 물어봤다. 번호를 찍어 주자 조카는 핸드폰에 나를 이렇게 저장했다.

    최고작가 천사고모부

    생각지도 못한 감동 포인트.

＊

　월요일. 나는 국어 수업 시간에 보여 주는 동영상 효과음이 무서워서 학교에 가기 싫다며 떼를 쓰는 주동을 간신히 교문에 넣었다. 커다란 가방을 메고 새끼 오리처럼 뒤뚱거리며 운동장을 가로질러 가는 주동을 보면 왜 코끝이 찡해지는지.

　집에서 가방을 챙겨 작업실로 가는 길, 병원에서 아빠를 간병 중인 엄마에게 전화를 걸어 아빠는 좀 어떠냐, 필요한 건 없냐 물었다. 엄마는 아빠는 매일 똑같다고 한숨을 쉬면서 성남 본가에 있는 화초에 물을 준 지가 오래됐으니 가서 줄 수 있냐고 물었다. 9시 30분쯤 됐는데도 월요일이라 그런지 지하철이 출근하는 직장인들로 만원이었다. 천호역에서 하차했다. 매번 천호역에서 많은 사람이 떠나고 빈자리에 앉아 버릇했지만 따라 내린 적은 또 오랜만이라 마치 새 인생을 사는 기분. 출근하는 직장인들의 물결에 떠밀려 나도 어딘가로 출근하고 있다는 느낌이 들었고, 아침마다 출근하지 않는다는 삶을 택했다는 것이 다행이라는 생각이 들었으며, 동시에 진짜 다행일까라는 생각도 들었다. 진짜 다행일까…….

천호에서 8호선으로 갈아타고 단대오거리역에서 내렸다. 내가 결혼하기 전에 무수히 많은 담배를 피웠던 폐건물을 지나면서 담배를 끊은 지금은 담배 연기 냄새만 맡아도 인상을 쓴다는 걸 생각하며, 흡연에 좀 더 관대해져야겠다고 마음먹었다. 저 앞에 담뱃불을 붙이는 대학생들이 보였다. 곧바로 담배 냄새가 코로 들어왔는데 아이씨, 담배를 무슨 길가에서 피워, 라는 말이 저절로 튀어나와서 민망했다.

아파트 공동현관에서 옆집 아주머니와 마주쳤다. 아빠의 안부를 묻길래 간략하게 아빠의 상태를 전한 뒤 엘리베이터를 탔다. 집에 들어서자 확실히 내 집이라는 느낌은 들지 않았고, 그렇다고 남의 집이라는 느낌도 들지 않았다. 베란다로 나가니까 몰락한 가문을 상징하기라도 하듯 화초들이 시들시들했다. 받아 놓은 물이 있다고 그걸 사용하라고 엄마에게 문자가 왔다. 바가지로 물을 떠서 화초에 물을 줬다. 그 뒤 환기를 시키고, 로봇 청소기를 돌리고, 쓰레기통을 비우고 분리수거를 했다. 엄마한테 더 할 거 있냐고 전화를 했더니 보디로션과 마스크를 병원으로 갖다 달라고 했다. 보디로션과 마스크를 챙기고 소파에 앉아 숨을 돌렸다.

빈집에 있으니 시상이 떠올랐다. 그것도 존나 낡은 언어로 된 시상들이 나를 괴롭혔다. 이래서 신파 소설을 쓰는 거구나. 나는 나에 대해 내 소설에 대해 생각했다. 이래서 나처럼 감각으로 승부하는 작가들은 나이를 먹을수록 망하는 거구나? 문득 시를 쓰고 싶은 충동이 들었고 결혼 전 쓰던, 등단작을 썼던, 지금은 아무도 사용하지 않는 데스크톱을 부팅하고 한글을 켰다.

　　종말자판기

　　난 네가 별론데?
　　사과즙이 말했다
　　무턱대고 자판기에 돈을 넣지 말아 봐
　　우울이라는 기질을 대신 넣어 보면
　　불행 개미
　　디지털 계량기
　　누구나 똑같은 마음이 있지만 불가능한 것
　　부정적인 의미를 지닌 어떤 둥글넓적한 좆만이들이 나에게 달려들거든
　　말해라 게걸스럽게 먹어라
　　사랑해 영원히 살거든 사랑해 버려

모든 관계는 솔직해졌을 때 부서진다

거짓말을 퍼붓고

좀 더 기만하라

파산 심문을 받은 뒤 똥을 싼다면 꼭 맛을 봐라

줄줄줄?

자판기엔 진심이 통하지 않는다

영혼을 끌어모아 자연스러운 만남 추구

굿잡 딜

오케이 굿 마이 보스

홀린 듯이 시를 쓰다가 현타가 왔다. 『인간만세』에 들어간 시 느낌이 나기도 하는데…… 그게 좀 발랄했다면 이건 음습한 느낌이 들고…… 이게 맞나 싶기도 하고……. 정지돈에게 보내서 합평해 달라고 할까 하다가 일단 내게 쓰는 메일로 파일을 보내 두고 컴퓨터를 껐다.

허기가 졌다. 검색해 보다가 집 근처 진선보쌈이라는 식당이 눈에 들어왔다. 「식객 허영만의 백반 기행」에서 허영만이 극찬했다는데 과연……. 진선보쌈에 갔더니 대여섯 명이 줄을 서 있었다. 성남 구도심에 평일 11시부터 줄을 선 맛집이 있다니 신기했다. 줄을 서면 피하는 타입이라 그냥 근처 파파이스에서 햄버거로 끼니를 때웠다.

집으로 와서 냉동실을 열어 보니 탱크보이가 있었다. 탱크보이로 입가심을 하고 집을 나섰다. 강동구청역에서 내려서 영파여고 앞에서 버스를 타고 아산병원으로 향했다. 엄마한테 보디로션과 마스크를 전해 주고 베즐리에서 빵을 몇 개 사 준 뒤 아빠의 상태와 재활 계획에 대해 이야기를 나누다가 길동에 위치한 강동세무서에 들러 대출 연장에 필요한 원천징수영수증을 발급받은 뒤 집으로 돌아왔다. 커피를 내려 마신 뒤 『매일 쓸 것, 뭐라도 쓸 것』을 마저 읽다가 방과 후 수업이 끝나는 시간에 맞춰 주동을 픽업.

*

화요일. 어제 작업실에 가지 못했더니 말 그대로 일이 산더미. 동반되는 스트레스. 얼른 작업실에 가서 죽이 되든 밥이 되든 노트북을 켜야겠다는 생각이 아침부터 머리에 가득했다. 주동을 학교까지 바래다주면서 언제쯤 혼자 등교할 수 있는지 물었다.
―키즈폰 사 주면?
주동이 답했다.

― 핸드폰하고 혼자 등교하는 거랑 무슨 상관인데?

내가 물었다.

― 아빠, 생각을 해 봐. 내가 만약 혼자 가다가 길을 잃어버리면 아빠한테 전화를 해야 할 거 아니야.

주동이 답했다. 맞는 말이어서 할 말이 없었다.

― 그래서 언제 사 줄 건데?

주동이 다그쳤다.

― 글쎄? 2학년이 되면? 대신 네 용돈에서 핸드폰 요금을 내야 된다?

― 짠돌이.

주동이 비죽거리며 학교를 향해 달려갔다. 주동의 용돈은 한 달에 만 원, 거기에서 핸드폰 요금을 내라니 짠돌이라고 불려도 쌌다. 주동의 뒷모습을 보며 살짝 센티해졌다. 주동이가 막 태어났을 때 평생 주동 뒤를 졸졸 따라다닐 거라고 다짐했는데, 지금은 언제 혼자 다니나 궁리를 하고 있는 걸 보면 자식의 성장은 부모의 귀찮음과 밀접한 연관이 있을 거라는 생각이 들었다.

평소처럼 파스쿠치에서 아메리카노를 사서 작업실에 들어섰다. 화이트보드에는 아래와 같이 쓰여 있었다.

**상파울루에서 한식당 하던 삼촌 기억해?
딸 아들 다 결혼시키고 지금 부산에서 막노동
중이잖아.**

신원미상의 침입자는 이제 일상이 됐다. 마치 평생을
떨치려고 했지만 이제는 나의 일부가 된 불안감처럼.
침입자가 누구인지 왜 여기 나타나서 나에게 메시지를
전하는지 알 도리도 없었고 알고 싶지도 않았다. 될 대로
돼라. 내 인생처럼. 어차피 그냥 나랑 말장난이나 하고
싶어 하는 거 같은데. 아니면 미친 듯이 심심하고 외롭거나.
불현듯 어쩌면 침입자와의 화이트보드 대담을 시로 쓸
수 있지 않을까 생각했다. 그 유명한 이방원과 정몽주의
「하여가」와 「단심가」처럼……. 그럼 내가 이방원을 해야지.
죽느니 죽여야지. 나한텐 주동이 있으니까. 주동이 등하교를
시켜 주고 간식도 줘야 하고 캐치볼도 해야 한다고…….

나는 화이트보드를 지운 뒤 이렇게 썼다.

**이런들 어떠하며 저런들 어떠하리. 만수산
칡넝쿨이 얽혀진들 그 어떠하리. 우리도 이같이**

얽혀 한평생을 누리니.

　침입자가 어떻게 답할지 조금 기대됐다. 그 뒤 노트북을 켜고 창밖을 보며 묘사 연습을 했다.

　백범김구기념관은 신원미상이다.
　용산아이파크몰은 키즈폰이다.

　그리고 메일을 열었더니 팀장에게 메일이 와 있었다.

12화
뭔가 덫에 걸린 것 같은 느낌

잠시 영화 시나리오의 진행 상황에 대해 말해 보겠다. 연재를 쉬고 있을 때니까 지난 3월이었나…… 초안을 완성해서 보냈는데, 얼마 전 검토 요청이 와 다시 받아 보니 외주 작가들의 손을 타면서 이야기가 뒤바뀌어 있었다. 주된 배경이었던 작업실이 일제강점기 친일파 자산가 저택으로 변경되면서 시대에 맞게 등장인물들도 수정된 상태였다. 당연히 불만 같은 건 없었다. 월급받고 쓴 거라 내 IP도 아니었고, 크레딧에 극본으로 이름 정도 올리면 된다 정도라서 얼른 영상화나 되었으면 좋겠다는 생각뿐이었다. 외주 작가님들 고생하셨겠네…… 정도의 감상 정도만 있었는데 이걸 피드백이라고 보낼 수는 없으니 어떻게 포장할까 고민하던 중, 대표가 미팅을 하자고 했다. 오랜만에 학동 사옥에 가니 대표는 뭔가 허전하다고 영화를 쫀쫀하게 만들어 줄 콘셉트가 필요하다고 말했다. 쫀쫀함이라. 슬라임 같은 걸 말하는 건가? 주동이 맨날 사고 버리는 요물 같은 장난감…… 촉감도 이상하고 냄새가 심할 텐데……. 내가 쫀쫀함에서부터 슬라임까지 생각을 이어 가고 있을 때 대표가 「오징어 게임」을 예로 들었고 나는 예의상 고개를 끄덕였다. 맞아, 이게 실수였어…….

그때부터 대표에게 나는 「오징어 게임」이라는 묘안을 낸 사람으로 (잘못) 각인이 된 것 같다. 그날 이후 대표는 내게 직접 연락을 했고, 이 프로젝트에 있어서 나는 팀장 위에 있는 존재가 됐다. 팀장은 은근히 부러워하며 오 팀장, 오 팀장 하고 불렀는데 처음에는 웃음으로 때우고 넘겼지만 자꾸 들으니 비아냥거리는 것 같아 짜증이 났다. 월급을 올려 주든가, 아님 진짜 팀장을 부릴 권한을 주든가. 월급도 직급도 그대로인 상태에서 책임만 늘어난 것이었다. 게다가 내가 다른 작업을 하지 못하도록 은근히 압박을 주니까 오히려 수입은 줄어들었다. 커피라도 사 먹게 법카라도 좀 주든가!

여기까지. 이게 내가 아직까지도 이 시나리오를 잡고 있는

히스토리다. 나는 요새「오징어 게임」의 서바이벌 형식을 기존 시나리오에 입히는 작업을 하고 있었다. 팀장에게서 온 메일을 열었더니 역시나 앓는 소리 죽는소리가 구구절절 쓰여 있었다. '내가 배우에 대해 생각해 봤는데 말이야…… 공유 어때? 현장 장악력이나 영상미를 고려했을 때 감독은 신인보다 중견급이 좋을 거 같은데…… 네 생각은 어떠니?' 실패한 영화감독이지만 실패한 이유를 자기 자신이 아닌 외부에서 찾느라 이유 찾기에도 실패한 팀장은 이번 작품의 연출을 꼭 하고 싶다는 욕망을 대놓고 드러냈다. 어떻게 모르는 척하고 다른 감독을 추천하나 고민하고 있는데 전화가 왔다.

─ 회신이 없어서 전화했는데 괜찮지? 바쁜데 전화한 거 아니지?

핸드폰 너머에서 내 눈치를 살피는 팀장이 그려졌다.

─ 내가 말이야…… 생각을 한번 해 봤는데 말이지……. Uu가 시나리오를 읽고 대표한테 하고 싶다고 했는데, 대표가 한기 너랑 상의해 보겠다고 하거든. 너도 Uu 맛 간 거 알잖아? 더군다나 내가 연출을 하면 Uu와 호흡 문제도 있고 말이야…….

팀장은 한참 주절대더니 전화를 끊었다.

팀장과 통화를 마치고 한숨 돌리고 있는데 바로 Uu에게

전화가 왔다. Uu는 에둘러 안부를 묻더니 본론으로
들어갔다.

   —주인공 내가 하면 안 될까? 너랑 나랑 커뮤니케이션도
좋잖아.

   Uu가 말했다.

   —그리고 말이야…… 팀장 그 인간…….

   그러면서 팀장 험담을 하기 시작했다.

   전화 통화가 끝난 뒤 나는 뭔가 덫에 걸린 것 같은
느낌을 받았다. 변함없는 월급, 늘어난 책임과 업무, 감정
쓰레기통……. 타임캡슐이 묻힌 장소를 찾아 흙을 파헤치듯
메일함을 뒤져서 계약서 스캔본을 읽어 봤다. 그러나 계약서
어디를 살펴봐도 해지할 근거가 없었다. 현대사회의 공포.
이게 진정한 공포구나.

   로그라인: 악덕 업주와 자서전 작가로 계약을 맺은 소설가가 악덕
업주가 죽은 뒤 같이 순장될 위기에 처하면서 벌어지는 이야기.

   문득 온몸에 힘이 빠지는 느낌이 들었다. 매트 위에
한동안 누워 있다가 작업할 게 많은데 이러면 안 되지, 라는
생각이 들면서 벌떡 몸을 일으켰다. 책상 앞에 다시 앉았다.

명상을 하는 척, 어지러운 마음을 비우는 척, 눈을 감아
봤지만 더 심란해져서 다시 눈을 떴다. 좀처럼 에너지 회복이
되지 않았다. 허기져서 그런가.

  나갈 기운도 없어서 배달의 민족 어플을 켰다. 작업실에서
자주 시켜 먹는 KFC나 롯데리아가 당기지 않았다. 하고 있는
일에 비해 하찮은 대접을 받는 느낌이랄까. 중요한 건 내가
내게 하는 대접이라는 거지만……. 기분 전환도 할 겸 뭔가
스페셜한 음식 먹고 싶다는 생각을 했다. 한식, 중식, 일식을
훑어보다가 반찬이나 국물, 소스 같은 게 있으면 아무래도
음식 쓰레기 처리하기가 까다롭다는 현실적인 생각에
잭슨피자를 주문했다. 집에서는 주동의 피자 편식(?)으로
파파존스 슈퍼파파스만 먹기 때문에 밖에서 피자를 먹을
때는 일탈을 하는 편. 파파존스가 밥이라면 쫄면을 먹은
느낌이랄까. 마요네즈 소스를 찍어 먹으면 로제 불닭볶음면
같기도 하고.

                        *

  피자를 먹은 뒤 손을 닦고 책상 앞에 앉았다. 《릿터》에서
청탁받은 단편을 구상하다가 아이디어를 떠올리곤 두 장을

채웠다. 너무 급하게 쓴 것 같아서 한 장을 지운 뒤 서가에 꽂힌 책들을 괜히 뒤적거리고 창가를 서성였다. 일이 많아서 마음이 급했다.「펜팔」시나리오 각색을 시작했다. 미팅이 얼마 남지 않아 조금이라도 작업해야 할 것 같은데 글 쓸 맛이 나지 않았다. 솔직히 따지고 보면 계약금 조로 푼돈을 받은 거고, 캐스팅, 제작 등 진행에 따라 더해 받는 건데…… 영화 제작이 장난도 아니고, 내가 지금 시간과 영혼을 갈아 넣어 걸작을 쓴다 한들 진행이 되는 거 맞아? 차라리 그 시간에 주동과 놀아 주는 게 남는 장사 아닌가…… 괜히 「펜팔」각색을 맡는다고 한 것 같다는 후회가 밀려왔다.

한숨을 쉬며 『바게트 소년병』에 실린「펜팔」을 읽었다. 극화를 염두에 두고 읽어 보니 내용도 마음에 들지 않았다. 이걸 어떻게 각색하겠다는 건지, 영상으로 만들었을 때 재미있을 만한 장면이 하나도 없는데…… 차라리 수감된 범죄자들을 제압하고 감방 대통령이 되는 전직 대통령을 그리는 게 좀 더 재미있지 않을까. 그런데 갑자기 이렇게 방향을 틀면 제작사에서 마음에 들어 할까. 허락부터 받아야 하나? 대체 내가 내 마음대로 할 수 있는 건 뭘까. 갑자기 열이 오르면서 나도 모르게 책상을 내리쳤다. 이거 돈 몇 푼 받지 못하고 너무 많은 일들을 한꺼번에 하는 거 아니야?

젊을 땐 이게 쌓이고 쌓여서 나중에 빛을 발할 거라고 스스로를 달랬지만 이제 아무 기대도 없잖아. 전부 빌어먹을 운이라는 걸 이제 눈치챘다고. 나는 작가로 성공을 거둘 수 없는 운명이야.

나이를 먹을수록 정도는 덜하지만 근본적으로 나는 충동에 의해 움직이는 타입이다. 자꾸 내가 하고 있는 모든 걸 그만두고 변화를 꾀할 타이밍이라는 생각이 들었다. 나라는 인간을 개조해야 한다. 전면 개조. 그런데 벌려 놓은 일은 수습해야겠고 어쩌지…… 그렇게 혼자 화를 내고 또 화를 삭이고 반복하고 있을 때 문자가 왔다. 주 주무관이었다. 지난 크리스마스 연휴 때 논쟁을 벌인 이후로 처음 온 문자였다. 주 주무관은 오랜만이라며, 기분이 좀 풀렸냐고 했다. 나는 이제 괜찮다고 거짓말을 했다.
ㅡ내가 T인거 알지? 위로해 주고 공감해 줬어야 했는데, 내가 너무 원론적인 이야기만 한 것 같아. 모름지기 친구의 기능은 그게 다가 아닌데 말이야.

주 주무관이 말했다. T라서 대체 뭐가 어쨌다는 건지 궁금했지만 묻지 않았다. 다만 확실한 건 나는 주 주무관에게 위로와 공감을 원한 적은 단 한 번도 없었다는 것이었다. 그 뒤 주 주무관이 자신의 근황을 전하며 내 근황을 물어왔다.

별생각 없이 돈도 안 되고 시간만 축내는 작업들 때문에 스트레스받는다고 이야기했다.

— 내가 사라져도 아무도 모를 것 같은데 그냥 잠수나 타 버릴까?

자조 섞인 농담을 던진 뒤 아차…… 말실수했다는 생각이 들었다.

— 아니, 근데 한기야, 네가 감정적으로 나오고 있는 거 같은데? 네가 사회생활에 적합하지 않은 INFP 유형이라는 건 알겠는데…… 너와 계약한 주체들은 정당하게 계약을 이행하고 있는 듯한데 무슨 죄니. 감정을 배제한 채 다시 생각해 봐. 너 어른이잖아.

— 아니, 왜 또 MBTI야…… 그리고 나 INTP라니까.

— 아니, 한기 넌 INFP야. 네가 육아를 하면서 바뀐 부분이 있는 듯한데 넌 관상부터 INFP라고. 그리고 지금 네 MBTI가 논점이 아니잖아.

— 아니, 네가 근황을 물어 와서 말한 거잖아.

— 아니, 그러니까 네가 F라는 거야. 내가 지금 너한테 공감해 주지 않는다고 감정을 드러내는 거잖아.

— 아니, 너한테 위로를 바라는 게 아니라…….

우리는 '아니'로 시작하는 수없이 많은 문장들을 주고받았다. 자세한 건 영양가 없는 논쟁이라 생략.

소득이라면 하나. 나는 우리 사이에 자꾸 트러블이 일어나는 원인이 MBTI 때문이라는 걸 마침내 깨달았다. MBTI 결사반대! 광화문에서 피켓 시위라도 해야 하나.

*

다음 날, 진진은 연차를 냈다. 진진은 대학을 졸업한 뒤 10년 정도 외식 마케팅 업계에 몸담고 있었다. 이번에 이직한 스타트업은 맛집 리브랜딩과 프랜차이즈화 컨설팅 회사였다. 진진은 이직을 하면서 임원 대우를 받고 있었고, 연봉 상승폭과 직책에 걸맞은 바쁨과 스트레스를 인생에 장착했다. 연차였지만 아침부터 회사에서 전화가 왔고, 진진은 짜증 하나 내지 않고 친절하게 응대했다. 이게 프로페셔널이구나. 나는 아마추어였어.

진진은 연차지만 시장 조사를 하러 간다고 했다. 나도 따라가기로 했다. 주동을 학교에 보내고 커피를 마신 뒤 오전 10시쯤 집을 나서 5호선을 타고 서대문역에 위치한 한옥집에 갔다. 김치찌개와 김치찜 1인분씩, 그리고 계란말이를 먹었다. 탕수육도 부먹, 복숭아도 물복⋯⋯ 나는 부드러운 음식을 선호하는 편이라서 김치찜이 더 마음에 들었다.

배가 불러서 산책을 하기로 했다. 한옥집을 나와 경기대학교로 방향을 잡고 언덕길을 올랐다. 그동안 바빠서 못 나눴던 육아, 교육, 이사, 재정 상황에 관련된 이야기를 했고, 결정해야 될 대소사를 몇 가지 정리했다. 더 걷다 보니 추계예술대학을 가리키는 표지판이 나왔고, 동시에 문창과 생각이 났다. 어느 순간 나도 모르게 또 글쓰기를 그만두고 싶다는 생각을 했다. 진진이 무슨 걱정 있냐고 표정이 안 좋다고 했다. 나는 고민을 말했다. 진진은 잘 생각했다고 안 그래도 자기가 회사 일이 바빠져서 주동에게 신경을 잘 못 쓸 것 같다며 나보고 일을 줄이고 육아에 집중하라고 했다. 명쾌한 답. 그래도 고민이 되네. 미련이 남은 건가. 불현듯 『산책하기 좋은 날』에 이어 부부 산책 콘텐츠로 하나 더 쓸 수 있겠다는 생각을 하며 제목을 짓다가 또또…… 하며 스스로에게 혀를 찼다.

한참을 걸은 뒤에 카페와 베이커리에 들러 칼로리는 높고 기억엔 남지 않는 디저트와 커피 따위를 먹으며 꺼진 배를 다시 채웠다. 산책이 또 필요했다. 애오개역으로 가는 길에 마포래미안푸르지오가 눈에 띄어서 단지를 거닐었다. 쾌적하고 작업실도 가까워서 얼만지 검색해 보니 15억이라나. 진진도 나도 말없이 걷기 시작했다. 어느 순간 진진이 말했다.

　—『나의 즐거운 육아 일기』 말이야.

　— 어?

　— 그때 네가 『나의 즐거운 육아 일기』에 썼잖아.

　— 내가…… 뭐라고 썼더라?

　— 주인공 부부가 비트코인에 전 재산을 투자했다가 파산했다고.

　— 아…… 그거…….

　— 처음 읽었을 때는 바보 같은 놈들 자업자득이라고 생각했는데…… 이제 와서 생각해 보면 걔네가 아니라 우리가 바보 같은 놈들이었어. 네가 그 소설을 썼을 때 전 재산을 비트코인으로 바꿔야 했다고.

힘이 빠진 진진의 목소리.

　— 그렇지. 그랬어야 했지.

나는 고개를 끄덕였다.

13화
그때 누군가 발을 툭툭 쳤다

 일정이 남았다. 애오개역에서 5호선을 타고 집으로 돌아온 뒤 하교한 주동을 픽업해서 잠실로 향했다. 주동이 5년 동안 다녔던 어린이 치과가 원장님의 갑작스러운 사정으로 폐업을 한다고 연락이 왔기 때문이었다. 주동은 치아가 약한 타입이라 충치 치료가 잦았는데, 명의를 찾아 검색하던 끝에 발견한 분이었다. 의사는 50대 후반으로 겁이 많은 주동을 능숙하게 치료해 주었고 우리는 그분을 은인으로 생각하고 있던 터였다. 오늘은 주동이 그분께 받는 마지막 검진이다.

 치과가 입주해 있는 상가에 차를 세웠다. 엘리베이터를 타고 올라가면서 계속 무섭다고 징징거리는 주동. 오늘은 치료가 아니라 정기검진이라고 주동을 달래며 치과에 들어서는 데 성공했다. 진료를 마친 뒤 주동은 씩 웃었다. 충치가 하나도 없다고 칭찬을 받아서인지, 진료가 끝나고 후련해서인지 모르겠지만 뭔가 상쾌해 보였다. 마지막 인사를 건네는 원장님에게 왜 갑자기 폐업을 하는지 묻고 싶었지만 오지랖 같아서 건강상의 문제가 아니길 마음속으로 빈 뒤 나왔다.

　치과에서 나온 뒤 잠실 교보문고에 가서 책을 봤다. 주동이 요즘 빠져 있는 책은 『흔한 남매』 시리즈였다. 주동이 책을 읽는 동안 근처 서가를 둘러보니 수많은 학습만화가 눈에 들어왔다. '스토리 작가'라는 명칭 뒤에 낯익은 작가들의 이름이 눈에 띄었다.
　―아빠도 만화 스토리 써 볼까?
　내가 물었다.
　―난 찬성.
　주동이 답했다.
　―아빠는 그림 못 그리니까 그림은 내가 그릴게.
　주동이 덧붙였다. 주동은 내 유전자를 물려받아 그림 재주가 없지만 자신이 그림을 잘 그린다고 착각하고 있었다. 이럴 때 계속 잘 그린다고 거짓 칭찬을 해 줘야 하는지,

재주가 없으니 다른 길을 알아보라고 해야 하는지 아직도 헷갈린다. 지금까지는 거짓 칭찬 쪽을 택하고 있지만⋯⋯ 그냥 그림을 즐기면 되는데 너무 진지하게 생각하고 있는 것 아닌지⋯⋯ 좀 더 진지함을 유지해 보자면, 나중에 주동이 그림을 못 그린다는 걸 깨닫고 나서 충격을 받을 걸 생각하면 아찔하다. 그리고 보니 주동은 본인이 1학년 중 제일 귀엽고 멋있고 똑똑하다고 하는데⋯⋯ 주동과 정반대 루저였던 나의 어린 시절과 다르네. 비슷하기도 하고 다르기도 하고. 주동과 나는 무슨 차이가 있는 거지?

*

 주말에는 뭘 했더라. 아산병원에 들러서 엄마와 밥을 먹고, 보드카페에 가서 '라비린스', '슬리핑퀸즈' 따위의 보드게임을 하고, 이마트에서 장도 보고⋯⋯ 하⋯⋯ 모르겠다. 주동과 지지고 볶는 통에 순식간에 지나갔다. 내가 디테일하게 어떤 생각을 하고 어떤 행동을 했는지 전혀 기억나지 않네. 다만 해가 질 무렵 배드민턴을 쳤는데 주동이 처음으로 셔틀콕을 받아친 뒤 행복하게 웃음 지었던 게 떠오른다.

*

그리고 월요일. 주동을 등교시킨 뒤 작업실에 출근했다. 침입자는 내가 남긴 시에 대한 답시를 쓰지 않았다. 처음에는 외로웠는데, 왜 외로운 건지 생각하다가 속마음을 들킨 것처럼 왠지 민망한 느낌이 들어서 화이트보드에 적힌 것들을 싹 지워 버렸다. 텅 비어 버린 화이트보드를 보고 있으니, 그동안 침입자와 나눈 모든 필담이 착각이나 꿈인 것 같아 허무하고 멍해졌다.

광개토대왕릉비는 흔한 남매다.
용산공원 반환부지는 셔틀콕이다.

창밖을 보며 묘사 연습으로 손을 푼 뒤 메일에 로그인했다. 팀장에게 메일이 와 있었다. 읽지 않고 다음 메일을 확인했다. 앤솔러지 단편집 교정 일정과 술에 관한 에세이 마감 일정에 대한 메일이 와 있었다. 솔직히 말해 에세이 마감은 까맣게 잊고 있었다. 나는 술을 한 모금도 먹지 않는데 왜 이 에세이 청탁을 받았지, 라는 생각을 하다가 편집자님이 몇 번이고 연락을 주셨고 먼 길까지 찾아오기까지 하셔서 수락했다는 생각이 들었다. 나는 어쩔 수 없이 상대방의 정성에 공감하고 감동하는 타입이구나 하는 생각도 들었다.

―F 맞네, F…….

나는 이렇게 중얼거리다가 흠칫 놀라 주위를 둘러봤다. 어디선가 주 주무관이 나를 비웃고 있을 것 같아서였다.

글쓰기를 지속해야 할지, 앞으로 어떻게 살아가야 할지 고민이 끝나지 않았지만, 주어진 일들을 제대로 마무리하는 게 소설가라는 직업, 내가 10년 넘게 몸담고 있는 직업에 대한 예의라는 생각이 들었다. 한동안 에세이 작업을 했다. 생각보다 잘 써졌다. 술을 먹지 않는 내가 40년 가까이 술에 관대한 나라에 살아오면서 겪었던 경험이나 느꼈던 게 많아서였다. 동시에 느낀 건 교수님들 말대로 나 자신에게서 길어 올리는 우물이라는 게 한계가 있긴 있구나, 작가라는 건 몸과 혼을 갈고 과거를 팔고 미래를 당겨와서 시답지 않은 무언가를 만들어 내는 직업이구나, 그러니 허무할 수밖에……라는 생각도 들었다. 결론이 무엇이든 변화를 모색해야 할 시기인 건 맞는 듯했다.

에세이를 반 정도 쓰고 《릿터》에 기고할 단편을 쓰기 시작했다. 제목을 정했다. 「반품 알바」. 제목을 정하니까 에너지가 생겨서 두 시간 정도 집중을 했다. 그때 대표에게 전화가 와서 흐름이 깨졌다. 대표는 시나리오 수정에 대해 이야기하다가 은근슬쩍 팀장이 연출을 맡을 능력이 된다고 생각하는지 물었다. 고민하다가 적합하지 않은 것 같다고 솔직히 말했다. 대표는 그럴 줄 알았다며 자신의 생각도 그렇다고, 팀장은 자신의 그릇을 모르는 사람 같다고 한참 동안 팀장의 험담을 했다. 괜히 험담을 부추긴 것 같았고, 왠지 팀장에게 미안해서 가만히 듣고만 있었다.

고문 같은 시간이 지나간 뒤 대표는 정규직 전환 조건으로 회사로 들어와 일할 생각은 없냐고 물었다. 나는 그럼 뭐가 달라지는지 생각하다가 아무것도 달라지는 게 없다는 결론에 이르렀다. 그래, 월급은 조금 오르겠지만, 회사에 정식으로 몸을 담게 되면 소설이나 다른 글을 쓸 수 없는 상황이 닥칠지도 모르니 어차피 그게 그거, 또이또이 아닐까. 불현듯 대표에게 대표 욕을 하고 싶었고, 그럼 대표가 어떤 반응을 보일지, 본인도 본인의 그릇을 모르는 사람으로 평가할지 궁금했지만 어쨌든 나에게 돈을 주는 사람이라는 생각에 꾹 참으며 통화를 끝냈다.

허기졌다. 나는 역시 타인과 대화를 하면 에너지가

소진되는 타입이구나 하는 생각이 들었다. 날이 더울 것 같아서 뭘 시켜 먹으려다가 그만그만한 외국산 고기 메뉴들밖에 없어서 관뒀다. 밖으로 나갔다. 육류, 분식, 백반, 패스트푸드 같은 건 왠지 따분해서 먹고 싶지 않았고 그렇다고 중국음식이나 태국음식 같은 것도 먹고 싶지 않았다.

 오늘 까다로운 날이구나. 이렇게 중얼거리며 거리를 어슬렁거리다가 동태찌개 식당이 이렇게 많은데 단 한 번도 먹지 않았다는 걸 떠올리며 동태찌개 식당 중 가장 사람이 적은 데로 들어갔다. 고독한 미식가처럼 동태찌개 백반을 주문했고, 혼밥에 능숙한 나도 생각보다 동태찌개라는 음식이 혼밥하기 어려운 종목이구나 생각하며, 음식을 먹는 감각을 느낄 사이도 없이 들이켜 버렸다. 칼칼한 한국 스트레오 타입의 생선찌개. 뭐 특별한 음식은 아니었지만 나름 만족스러웠다. 아이를 키우면서 이렇게 얼큰한 생선 국물을 먹은 게 얼마 만인지 모르겠다는 생각이 들어서였다.

 작업실로 돌아갈까 하다가 오랜만에 로또 생각이 났다. 로또를 사는 게 한때 월요일 루틴이었다는 생각도 나서 오랜만에 아모레퍼시픽 앞 가판대까지 가서 로또를

샀다. 그리고 그 어느 때보다 간절하게 기도했다. 주님,
저 안드레아입니다. 유아세례를 받고 도통 성당을 찾질
않았죠? 제발 로또에 당첨돼 이 좆같은 글들을 쓰지 않도록
해 주시면 감사하겠습니다. 로또에 당첨되게만 해 주신다면
10퍼센트를 헌금으로 내고 평생 주말마다 성당을 찾아
경건한 마음으로…….

*

화요일은 엄마 심부름 데이. 주동을 등교시킨 뒤 지하철을
타고 단대오거리역으로 향했다. 저번에는 의식하지
못했었는데, 복정역과 산성역 사이에 남위례역이 생겼네.
그리고 보니 전에 살던 뚝섬유원지역도 자양역으로
바뀌었고. 현실적인 이유로 새로운 역이 생기거나 역 이름을
바꿨을 텐데, 아예 다른 지역인 듯 생소한 느낌이 들었다.
내가 썼던 소설 중 신주소가 나올 시기의 묘하게 어긋난
감각을 형상화한 「더 웬즈데이」라는 단편 소설도 생각나고.

단대오거리역에 내렸다. 아빠의 회복이 더딘 것에
마음이 무거워졌다. 언제까지 이렇게 지낼 수 있는지,
아빠는 정상으로 되돌아올지, 간병하는 엄마의 건강이

상하지는 않을지…… 점심 먹으러 다시 나오기도 귀찮아서
옥동소뼈탕에 들렀다. 소뼈를 가득 쌓아 놓은 갈비탕을
떠올리면 되는데, 맛도 괜찮아서 고등학교에 다닐 때
친구들이랑 자주 먹었던 기억이 났다. 사실 뼈를 쌓아 놓은
음식들이 대부분 그러하듯 뼈를 제외하면 양은 얼마 되지
않지만 이상한 포만감이 들었다. 갈비탕을 먹은 뒤 집으로
가다가 예나파이에 들러서 커피를 주문하고 피칸파이를
곁들여 먹었다. 이 근방 유일의 디저트 맛집이었는데 왜
구성남에는 맛집이라곤 찾아볼 수 없는지, 왜 맛집은 죄다
분당과 판교에 몰려 있는지, 이것 역시 부의 양극화에
해당하는지 궁금했다. 금세 맞다는 결론이 내려졌고 맞으면
내가 뭐 어떻게 할 건데, 라는 체념도 뒤따랐다.

   집에 가서 차 키를 가지고 나왔다. 지상 주차장에 있는
엄마 차를 지하 주차장에 옮겨 놓은 뒤 다시 집으로 갔다.
로봇 청소기를 돌려 놓고 화초에 물을 주려고 베란다에
나갔다. 아무 생각 없이 수돗가로 가서 물을 받아 놓은 통을
보니 꽉 채워져 있었다. 소름이 돋았다. 분명 지난주에 물을
주면서 반을 사용했는데…… 누군가 받아 놓은 게 분명했다.
게다가 더 소름 돋는 일이 있었다. 베란다 전면 창에 다음과
같은 글이 써 있었다.

이방원, 이 새끼야.
내가 또 당할 줄 알아?
今度は僕があなたを殺すよ

정신이 혼미해졌다. 화이트보드에 쓴 것처럼 매직으로 쓰여 있었다. 마지막 문장은 일본어 같은데 무슨 말인지 궁금했다. 파파고로 번역을 했다.

이번에는 내가 당신을 죽일 거야

뭔가 오싹해졌다.
— 뭐야, 이 개새끼, 나와!
내가 외쳤다.
— 개새끼야, 어떻게 여기까지 온 거냐고.
고래고래 소리 질렀다. 아무 대답이 없었다. 허겁지겁 집을 뒤지기 시작했다. 안방에도, 결혼하기 전에 내가 쓰던 방에도, 옷방에도, 화장실에도…… 아무 데도 침입자는 없었다. 나는 다급하게 엄마한테 전화를 걸었고, 혹시 집에 들른 적 있냐고 물었다. 엄마는 병원에 묶여 있는 거 빤히 알면서 무슨 말이냐고 되물었다.
— 진짜 집에 온 적 없지?

내가 또 물었다.

— 집에 와서 물 받아 놓은 적 없냐고.

내가 덧붙였다.

— 없다니까 그러네. 무슨 일인데 그래?

엄마가 짜증을 냈다. 아빠 간호하는 것만 해도 힘들 텐데, 이런 거까지 말할 수는 없었다. 별거 아니라고 둘러대고 필요한 거 없냐고 물었다. 오늘은 병원에 안 와도 된다는 답이 돌아왔다. 전화를 끊었다. 그때 누군가 발을 툭툭 쳤다. 으악…… 비명을 지르며 소파에 올라가니까 그제서야 내 발치를 청소하고 있는 로봇 청소기가 눈에 들어왔다.

어느 순간인진 기억나지 않는다. 작업실에도 마음대로 드나드는 기상천외한 능력을 지닌 침입자가 여기라고 못 쫓아올까, 하는 나만의 논리가 정리되자 마음이 조금 차분해졌을 무렵이었던 것 같다. 팀장에게 전화가 왔다. 전화를 받으니까 팀장은 다짜고짜 쌍욕을 했다. 이등병 시절 이후 이렇게 쌍욕을 들은 게 처음이라 당황했다. 처음에는 잠자코 듣고 있다가 팀장이 흥분을 가라앉히는 기미가 보이자 이유를 물었다. 대표한테 자기가 연출을 맡는 것에 대해 반대했다는 걸 들었다며, 오한기 네가 반대해서 자신의 앞길을 망쳤다는 원망이 돌아왔다. 나는 그냥 대표의 말을 들어준 것일 뿐인데 오해가 있는 것 같다고 달래 주려다가 심사가 뒤틀렸고 그냥 내 의견을 솔직히 말한 것뿐이라고 되받아쳤다. 그 뒤 이어지는 팀장의 신세 한탄을 들어 주다가 내가 10분 넘게 아무 말도 하지 않고 있다는 것을 깨닫곤 이대로 전화를 끊어도 모를 것 같다는 생각에 그냥 전화를 끊었다.

　스트레스를 받았다. 기진맥진했고 잠이 쏟아졌다. 결혼 전에 내가 쓰던 방으로 들어갔다. 등단작을 썼던 책상이 보였다. 문득 당시 글쓰기가 매혹적이었던 건 아무도 시키지 않고 아무 대가도 없어서였다는 생각이 들었다. 그에 반해 지금은……. 책상 앞에 잠시 앉아 있다가 침대에 누웠다. 머리맡에는 대학생 때 소설가가 되겠다며 사들인 책들이 한가득이었다. 그리고 그 사이에, 『마법의 고민 해결 책』이 놓여 있는 게 보였다.

14화
우리는 참 운이 좋구나

주동이가 놀러 왔다가 두고 간 걸 엄마가 챙겨 둔 모양이었다. 벌떡 일어나서 『마법의 고민 해결 책』을 펼쳤다.

너 자신을 알라

뭐야, 너 자신을 알라니…… 소크라테스? 그런데 무슨 뜻이지? 지금 상황과 어떻게 매치시켜야 하냐고. 나도 모르게 침을 꿀꺽 삼켰다. 책을 덮고 다시 누웠다. 글쓰기에 대해…… 미래에 대해…… 머릿속이 어지러워졌다. 다시 그 문장을 보면 무슨 뜻인지 알 수 있을 것 같은 생각이 들어서 책을 열어 뒤적였다. 이상했다. 없었다. 한 장 한 장 꼼꼼히 살펴봐도 어디에도 너 자신을 알라는 그 문구는 없었다.

*

　주동을 등교시킨 뒤 목동 서울남부지방법원으로 향했다.
지난 2019년 전세 사기를 당하고 두 번째로 사기를 당한
건데 나 말고도 피해자가 무려 천 명이나 된다. 실제 재판에
영향이 있을지도 모르기 때문에 자세한 내용은 밝히지
않겠다.

　오늘은 2차 형사 공판이 있었고, 나는 피고인이 어떤
뻔뻔한 변론을 펼치는지 두 눈으로 보고 싶었다. 문제는
고덕동에서 목동까지 거의 5호선의 끝과 끝이라는 것.
아차산역 정도까지는「세브란스」를 보다가 뭔가 지겨워져서
포털사이트에 애플티비 추천 미드를 검색했다. 딱히 끌리는
게 없었다. 요새 진짜 보고 싶은 작품은「더 베어」였는데,
아이폰 업데이트의 문제인지 낮은 버전이라 그런지 디즈니
플러스 자체가 다운되지 않았다. 다시 왓챠를 결제하고
「오피스」를 또 봐야 하나 고민하며 한참을 멍하니 앉아
있었는데, 뭔가 기진맥진한 기분이 들었다. 내가 지금 하고
있는 작업들을 떠올렸다. 머릿속에 뒤죽박죽 얽힌 to do list.
이미 썼던 글들, 지금 쓰고 있는 글들, 앞으로 써야 될 글들,
내가 쓰고 싶은 글들이 두서없이 나열되는 느낌. 불현듯

이렇게 인생 대충 살아서는 안 되겠다는 생각, 계획을 짜야겠다는 생각이 들었다. 눈앞에 주어진 일들을 하나씩 해결하고, 진정으로 내가 하고 싶은 작업을 하자. 글을 써서 돈을 벌려고 하지 말고 진진이 말했듯 주동에 집중하고 남는 시간에 내가 진짜 원하는 글을 쓰자! 생각을 정리하고 있을 때 나일선에게 문자가 왔다.

    나일선: 소설 쓰기 싫어하고 있던 차에「소설 쓰기 싫은 날」올라와서 단숨에 봤네요ㅎ
    [본문 캡처]
    흐 눈물이...ㅠ
    [본문 캡처]
    릿터에 나올「반품 알바」넘 궁금하네요

    나: 흑흑 이번에도 감사합니다.

    나일선: 흑흑 응원합니다.

「소설 쓰기 싫은 날」업데이트 날이구나. 나는 나일선의 문자를 보고서야 인지했다. 나일선은 에세이 연재뿐 아니라 지면 발표까지 내 작업을 챙겨 보고 항상 피드백해 준다.

표현은 하지 않았지만 정말 진심 대박 감사할 따름. 나는 육아, 작업뿐이라는 근황을 전했고 나일선은 소설을 쓰면서 일자리를 구하고 있다고 했다. 그렇게 다음에 만나기로 하고 바이바이. 라멘 좋아하는 일선 님, 언제 만나야 하는데. 커피도 마시고 산책도 하고…….

티는 내지 않아도 나는 업 앤 다운이 심한 편인데, 생각이 조금 정리되고 나일선과 문자를 주고받다 보니 기분이 조금 풀렸다. 그때 문득 어제 봤던 『마법의 고민 해결 책』의 문구가 떠올랐다. 너 자신을 알라. 아무리 뒤져 봐도 책에는 쓰여 있지 않은, 미지의 누군가가 나에게 전하는 듯한 환각의 맞춤형 메시지.

나 자신을 알라고? 나를 좀 더 객관적으로 살펴보고 판단하라는 건가? 나는 메모 어플을 켜고 현재 내게 주어진 일들을 죽 늘어놓았다. 그리고 그중 나만 할 수 있는 일과 굳이 내가 하지 않아도 될 일을 구분하기 시작했다.

1. 나만 할 수 있는 일
—「소설 쓰기 싫은 날」 연재
—술 관련 에세이

—단편 두 편
—장편 연재 구상
—단행본 교정

2. 내가 굳이 하지 않아도 될 일
—회사 시나리오
—「펜팔」 각색

회사는 법적으로 걸리는 게 없고, 「펜팔」은 계약금을 받긴 했는데 얼마 되지 않아 뱉어 내면 그만…… 정리하고 보니, 좀 더 명확해졌다. 다른 것보다 내가 문학 외의 글쓰기는 돈벌이로밖에 안 보는구나라는 생각이 들었다. 다만 내가 쓴 글을 누군가 영상화시켜 준다면 좋지. 어느 순간 나도 모르게 『소설 쓰기 싫은 날』이 영상으로 제작된다면 누가 연출하고 누가 연기를 할지 떠올리고 있었다. 연출 홍상수…… 주연 이제훈…… 아니, 내가 이제훈이라는 말은 아니고…….

정신 차리자. 아무튼 1은 쳐내면 되는 거고, 2를 정리하면 될 것 같다는 생각이 들었다. 그런데 진짜 내가 하지 않아도 될 일 맞나? 나만 그렇게 생각하는 걸 수도 있잖아? 시나리오에 엄청난 재능이 있을지도 모르고…… 내가 진짜 중요한 역할을 하고 있을지도 모른다고. 문득 나일선이 일자리를 구하고 있다는 게 떠올랐다. 이건 도의적으로라도 내가 결정할 일이 아니라, 나를 고용한 사람들이 택하는 게 맞다는 생각도 들었다. 메일 어플을 켜고 메일을 쓰기 시작했다. 개인 사정으로 불가피하게 일을 그만두게 될 것 같습니다. 괜찮다면, 저보다 훌륭한 작가를 소개해 드릴 수 있는데…… 나는 메일을 보냈다. 만약, 나를 택하면 1로 올리면 되고, 나일선을 택하면 바이바이.

  목동역에 도착했다. 목동은 난생처음이었다. 수색동, 노량진을 방문했을 때 느꼈던, 서울은 서울인 것 같은데 내가 아는 서울이 아닌 것 같은 기분이 들었다. 햇볕은 뜨거웠고 낮은 아파트 단지와 먹자골목 사이를 10분 정도 걸어서 법원에 도착했다. 출입구에서 몸 수색을 하는데 경보음이 울려서 깜짝 놀랐다. 공익근무요원이 심드렁한 표정으로 휴대폰을 빼라고 말했고, 나는 휴대폰을 빼고 다시 검사를 받고 통과했다. 법정에 도착하자 기자, 피해자들이 방청석에 앉아 있었다. 나도 그들 사이에 앉았다. 얼마 지나지 않아 피고인과 변호사, 검사들이 배석했고 곧이어 판사가 입장했다. 판사가 배상 명령 신청자 리스트를 호명했고, 내 이름이 불렸다. 나는 손을 들었다.

허무하게도 재판은 10분 만에 끝났다. 피고인 측 변호사가 검사 측 공소장이 너무 길다며 아직 검토하지 못했다고 해서였다. 재판은 한 달 뒤로 밀렸다. 재판장을 나왔더니 흡연구역에서 피고인이 담배를 피우고 있었다. 다가가서 따져 볼까 했지만 순식간에 다른 피해자들이 피고인에게 몰려갔다. 나는 발길을 돌렸다.

머리가 핑 돌고 온몸에 힘이 쭉 빠졌다. 목동역 방향으로 걸어가며 맛집을 검색했다. 몸이 허하다고 여겨질 때 돼지고기나 돼지국밥, 라멘 같은 돼지 뼈로 곤 국물을 챙겨 먹는 편이었고, 오늘이 그런 날이었다. 진진은 값싼 돼지를 먹이기 위해 어머님이 가스라이팅한 거라고 했지만, 나는 언제부턴가 소보다 돼지가 몸에 맞는다고 생각하고 있었다. 마침 근처에 동네 맛집 정도의 라멘집이 있었다. 블로그를 읽어 보니 죄다 광고용 후기는 아닌 듯해서 발걸음을 옮겼다. 가는 길에 옥천집이 보였다. 전면창에 수요미식회에 나온 적이 있다고 쓰여 있었다. 식당 앞에 서 있는 메뉴판을 보니 제육볶음이 있었다. 군침이 고였다. 라멘집에 가려던 생각을 바꿔 옥천집에 들어가서 제육볶음을 주문했다. 주변 테이블마다 청국장에 비빔밥을 먹고 있어서 조금 혼란스러웠는데 이럴 때 나는 보통 뚝심을 지키는 편이다.

제육볶음은 국물 없이 매콤하고 비계 없이 담백했다. 담백한 제육볶음을 먹으니 기름진 제육볶음이 당겼다. 최근 가장 맛있게 먹은 제육볶음은 공덕동 굴다리식당이다.

*

　수요일은 4교시에 방과 후 수업이 없는 날로 12시 반이라는 믿을 수 없는 시간에 하교하는 날이다. 12시 반이 얼마나 어이없는 시간인가 하면 조금 과장해서 빨래 돌리고 커피 한잔하고 노트북을 켠 뒤 좀 출출한데? 하는 생각이 들면 돌아오는 시간이다. 더 공포스러운 건 수요일은 주동이 학원 스케줄도 없는 날이라 진진이 올 때까지 주동의 자유시간을 견뎌 내야 한다는 것. 누군가에게 자유는 누군가에겐 억압이다. 육아란 그런 것이다.

　5분 전에 집을 나서 학교가 마주 보이는 횡단보도 앞에 서 있었다. 머지않아 학교를 마치는 종소리가 울려 퍼졌다. 그리고 5분 뒤 주동이가 내게 달려왔다. 와다다다다. 실제로 입으로 이 비슷한 소리를 내며. 그렇게 나는 주동의 책가방을 들고 주동은 아이스크림을 하나 들고 집으로…….
　—아빠, 나 심심해.

집에 거의 도착했을 때 주동이 말했다.
— 도서관 갈까?
내가 물었다.
— 아니.
— 그럼 서점 갈까?
— 아니, 책 지겨워.
— 그럼…… 뭐 하고 싶은 거 있어?
내가 묻자 주동이 나를 빤히 바라봤다.
— 계곡 가자!
주동이 환하게 웃었다.

주동은 재작년 남한산성 계곡을 다녀온 뒤 계곡 마니아가 됐다. 계곡에는 주동이가 좋아하는 모든 요소가 있었다. 송사리, 다슬기 같은 작고 만만한 생물. 얕고 맑은 물. 미끈미끈한 바위, 발 담그기. 첨벙첨벙. 요즘은 보통 계곡이 속한 지대를 사들여서 카페를 운영하며 입장료를 받는 식인데…… 어렸을 때 곤지암에 살면서 수많은 공짜 계곡을 경험해 본 난 언젠가 주동에게 제대로 된 자연 계곡을 보여 주고 싶었고 오늘이 기회다 싶었다.

강동의 장점 중 하나는 서울의 동쪽에 치우쳐 있기

때문에 양평, 가평 같은 수도권 교외와 가깝다는 것이다. 나는 주동이 간식을 먹을 동안 인터넷을 뒤지기 시작했고 30분 거리 양평에 위치한 계곡을 찾아냈다. 나는 주동과 함께 차를 타고 하남을 거쳐 양양 고속도로에 접어들었다. 그러고 보니 진진을 빼놓고 교외로 나가는 건 처음인 것 같았다. 불안감이 엄습했다. 하지만 주동도 같은 걱정을 하는 듯, 진진이 옆자리에 탔을 때 볼 수 있는 언제 도착해 빌런 놀이를 관두고 제법 의젓하게 어린이 노릇을 했다. 계곡 가는 게 신이 나는지 뉴진스 신곡을 흥얼거리기도 했고, 학교생활, 고민, 장래희망, 친해진 친구와 멀어진 친구에 대해 미주알고주알 종알거렸다. 끝말잇기에 이어 369게임에 돌입할 무렵 양양 고속도로에서 서종 방향으로 빠져나왔다. 낯선 산길을 구불거리며 오르락내리락하고 있는데, 수많은 식당과 카페가 나왔다. 여기에 대체 누가 오나, 장사가 되나 혼잣말을 중얼거리고 있었는데 식당과 카페 앞을 가득 채운 고급 외제 차들이 보였다.

내비게이션을 따라 계곡에 도착했다. 주차장이 보이지 않아서 적당한 곳에 차를 세웠다. 주동에게 선크림을 다시 발라 준 뒤 지도 어플을 켜고 계곡으로 향했다. 작은 교량을 지나고 있는데, 어디선가 개 세 마리가 달려 나와 컹컹 짖기 시작했다. 주동이가 비명을 질렀다. 나도 깜짝 놀라 주동을 안고 거의 죽을 각오로 달리기 시작했다. 한참 달렸다고 생각했을 때 개들이 쫓아오다가 돌아섰다. 돌아보니 그냥 자그마한 동네 강아지 세 마리. 현타가 와서 하하하하하 웃은 뒤 주동을 내리고 걷기 시작했다.

 — 아빠, 왜 이렇게 겁이 많아?
 주동이 계속 나를 놀렸다.

 지도에 보이는 계곡에 다다랐다. 막상 가까이 가 보니까 내려가는 길이 없었다. 주민으로 보이는 50대 아저씨 둘이 다슬기를 잡고 있었는데, 내려가는 길을 물어봐도 바라보기만 할 뿐 답해 주지 않았다. 돌고 돌아 샛길을 발견해서 주동을 안고 겨우 내려갔다. 물 가까이 가 보니 작은 물고기들이 많아서 주동이 좋아했다. 주동의 손을 잡고 계곡에 들어갔다. 바닥에는 자갈 없이 고운 모래뿐이라 발길마다 모래가 퍼져 물이 지저분해졌다. 지저분하게 보이는 이끼들이 가득해서 주동이 금세 나가고 싶다고 했다. 나왔더니 땅벌들이 윙윙거리며 날아다녔다. 원래 이렇게 우리나라에 벌들이 많았나, 요새 유독 많아진 건가 생각하다가 숨을 돌릴 나무 그늘을 찾았는데 어디에도 없었다.

─아빠, 덥고 재미없다. 가자.
주동이 내 손을 잡아 끌었다.

여기까지 왔는데 그냥 집에 가기 뭐해서 근처에 있는 카페로 향했다. 개들이 쫓아올까 두려워 잔뜩 긴장을 하고 다시 교량을 건넜는데 개들은 우리를 본 척 만 척했다. 좀 더 걷다 보니 카페가 보여서 들어갔다. 깨끗하게 정비된 계곡을 이용할 수 있는 카페였지만 기진맥진한 상태라 더 이상 계곡이 눈에 들어오지 않았다. 나는 아이스 아메리카노, 주동은 청포도 에이드를 주문하고 곁들여 먹을 마들렌도 샀다. 계곡이 하나도 재미없었다고 입을 비죽이는 주동에게 핸드폰을 건네며 키즈 유튜브를 틀어 주니 금세 히죽거렸다. 나는 커피를 마시며 사서 고생이라는 말을 되뇌다가 너무 부정적으로 생각하지 말자고, 원영적 사고를 하자고 중얼거렸다. 그래, 이렇게 실패도 해 봐야 다시는 스스로 계곡을 찾아가지 않지. 앞으로 다 갖춰져 있는 곳에 가자고. 그래도 초여름에 이걸 깨닫다니 우리는 참 운이 좋구나.
─아빠, 무슨 메시지 왔는데?
그때 주동이 내게 핸드폰을 내밀었다.

15화
이래서 열린 결말은

 핸드폰을 보니까 길버트에서 메일이 와 있었다. 결정의 순간이 온 것 같아서 가슴이 두근거렸다. 메일을 읽어 보니 길버트는 굳이 작가님이 아니어도 상관없다는 말을 예의 있게 돌려서 하고 있었다. 각색료만 반납하면 행정 처리도 아무 문제 없다고 쓰여 있었고, 말미에는 작가를 소개해 준다니 미팅을 하고 싶다고 적혀 있었다. 나일선에게 문자를 보내 상황을 설명하니 긍정적인 답이 돌아왔다. 나는 나일선의 프로필과 작품 목록을 쓴 뒤 미팅 일자를 정하자고 회신했다.

 계약 해지는 내가 먼저 꺼낸 이야기기도 하고……
메일에는 기분이 나쁜 말이 단 하나도 없었는데 괜히

언짢았다. 이 기분은 대체 뭐지? 나는 분명 내가 대체
불가능한 존재가 아니라 세상에 존재하는 수많은 작가들 중
하나라고 생각하고는 있었지만…… 이게 이렇게나 손쉽게
증명돼 섭섭하달까. 왠지 모르게 감독에게 미안하기도 했다.
같은 창작자 입장에서 감독은 나를 이해해 줄 것 같기도
하고…… 어쩌면 나중에 또 인연이 이어질 수도 있지 않나.
감독에게 사정을 설명한 뒤 같이 작업 못하게 돼 죄송하다고,
앞으로 작업을 응원하겠다고 장문의 문자를 보냈더니 바로
답장이 왔다.
― 네, 알겠습니다.

단답형의 답장을 보니 문자를 보내지 말걸 그랬다는
생각이 들었다. 아무래도 나와 감독의 관계는 '네,
알겠습니다.' 정도로 정리되는 관계인 듯싶었다. 이 세상에
나와 '네, 알겠습니다.'보다 깊은 관계는 누가 있을까
생각하다가 주동을 바라봤다. 에이드를 빨고 있던 주동도
나를 바라봤다.
― 아빠, 무슨 안 좋은 일 있어?
주동이 물었다.
― 아니, 좋은 일이야.
나는 주동에게 핸드폰을 돌려주며 대답했다.

─ 그런데 목소리에 왜 이리 힘이 없어?

주동이 물었다. 나는 주동에게 할 말은 아니라는 생각에 공연히 어깨만 으쓱해 보였다. 그래도 주동이 나를 위로해 주고 있다는 생각이 들어서 마음이 조금 풀렸다.

─ 그러고 보니 주동이 너도 F구나?

내가 물었다.

─ 아니, 나 엄마 닮아서 T인데?

주동이 키즈 유튜브에 코를 박고 대답했다.

─ 아니, 넌 아빠 닮아서 F야.

나는 주동을 바라보며 중얼거렸다. 그리고 어디선가 어김없이 들려오는 듯한 주 주무관의 웃음소리.

*

계곡을 다녀오고 나서 주동이 아프기 시작했다. 목요일 학교를 다녀오고부터였나, 갑자기 열이 났다. 무려 39도. 덜컥 겁이 났다. 해열제를 먹이면 37도 대로 떨어졌지만, 두세 시간 지나면 다시 39도. 진진은 관련 없을 거라고 했지만, 계곡에 다녀온 게 원인이 아닐까…… 죄책감이 들어서 주동에게 미안했다. 아파트 상가에 있는 소아과에 갔더니 대기 인원이 조금 과장해서 백 명이었다. 예약을 한다

한들 오늘 내로 진료를 볼지 미지수. 나는 똑닥 어플을 켜고 한 달 이용료를 결제한 뒤에야 한가한 소아과에 찾아갈 수 있었다.

 기운 없는 주동을 퀵보드에 태워 끌고 옆 동네 아파트 단지 상가에 위치한 소아과로 향했다. 소아과에 가 보니 아직 초기라 원인을 모르겠다고 했다. 의사는 좀 더 발전해야 확실히 알 수 있다면서 요즘 유행 중인 장염일 수도 있고, 마이코플라스마 폐렴일 수도 있고, 백일해일 수도 있으니 열 관리를 세심하게 해 주라고 덧붙였다. 나는 그럼 열이 떨어지고 아무 병이 아닐 수도 있냐고 물었다.
 ─그럴 수도 있죠. 모든 가능성이 열려 있으니까요.
 의사가 시큰둥하게 말했다. 그렇게 말하니까 더 불안해졌다. 이래서 열린 결말은 도무지 취향에 맞지 않는다니까.

 교차 복용할 타이레놀 계열과 이부프로펜 계열의 해열제를 처방받은 뒤 약국에 들렀다가 귀가. 해열제를 먹인 뒤 입맛이 없다는 주동을 어르고 달래서 밥을 먹였다. 반찬은 김과 장조림.
 ─나 졸려.

밥을 먹은 뒤 주동이 침실로 가서 누웠다. 그것도 스스로! 낮잠을 뗀 이후 자는 시간이 아까울 정도로 사는 게 즐겁다며 단 한 번도 낮잠을 자지 않은 주동 어린이. 주동이 낮잠을 자는 건 오직 아플 때뿐이다. 육아란 이중적이다. 평소에는 시도 때도 없이 심심하다고 징징거리는 주동이 버거웠는데, 아파서 누워만 있으니 차라리 심심하다고 징징거리는, 그 버거움이 그립다는 생각이 들었다. 얼른 회복하렴. 앞으로 진짜 열심히…… 최선을 다해서 놀아 줄게, 주동아.

—주동아 심심하지는 않아?

침실로 가서 주동의 귀에 체온계를 넣으면서 물었다. 삐빅. 37.5도. 해열제를 먹은 뒤 조금 열이 내린 상태. 주동이 눈을 반쯤 감은 채 중얼거렸다.

—아빠, 어른이 뭘 그렇게 심심해?

*

주동이 아파서 모든 주말 일정을 취소했다. 뚝섬유원지, 어린이대공원, 속초 여행. 주말이면 학교 갈 때보다 더 빨리 일어나서 심심하다고 나를 깨워야 하는데…… 토요일 오전, 주동은 아직 침실에 있었고 온 집 안이 조용했다. 늦잠. 배달 음식. 텔레비전. 영화관. 고요하고 어두운 집 안. 그러고 보니

진진과 나는 신혼이나 결혼 전 겪었던 주말에 대한 그리움을
토로하면서 주동과 함께 성격에 맞지 않은 떠들썩한 주말을
보내곤 했었지. 그런데…… 막상 그런 주말이 왔는데도
우리는 주동을 걱정하고 돌보느라 평소 꿈꿨던 주말을
그렇게 떠나보내고 있었다.

  다행히 이부프로펜 계열 해열제가 잘 들어서 주동은 점차
회복되었다. 이제 최고점은 38.3. 최저점은 정상 체온. 경험상
이대로 한 번 더 올라갔다 해열제를 먹이고 떨어뜨리면
괜찮아질 것 같았다. 열이 내렸을 때 후다닥 곰탕에 밥을
말아 먹인 뒤 아이패드를 켜고 그동안 하루에 세 개씩만
보여 줬던 유튜브를 마음껏 보여 줬더니 주동의 기분이
좋아진 상태. 초저녁, 열이 살짝 올라가길래 해열제를 먹인
뒤 주동을 재우고 양옆에 누운 채로 진진과 대화를 나눴다.
주동이 중이염에 걸렸던 중곡동 신생아 시절, 심한 목감기에
걸려 사흘 동안 아무것도 먹지 못했던 묵동 시절에 비해선
아무것도 아니라는, 주동도 이제 많이 커서 아파도 예전만큼
힘들지 않다는 우리만 알 수 있는 이야기들.

  어느 순간 진진도 잠에 들었고 침실에는 선풍기 소리만
들렸다. 주동이 회복할 기미가 보이니까 긴장이 풀렸는지

그동안 잊고 있었던 소설 마감 걱정이 됐다. 마음 같아서는 벌떡 일어나 키보드를 두들기고 싶지만 주동을 간호하느라 지친 듯 몸이 움직이지 않았고 눈꺼풀이 감기려고 했다. 머릿속으로 「반품 알바」를 쓰다가 괜찮은 부분을 핸드폰 메모장에 옮겨 쓰고 나도 모르게 잠이 들었다.

*

일요일 아침.
―아빠.
자고 있는데 누군가 나를 툭툭 두드렸다. 눈을 떠 보니 주동이 나를 내려다보고 있었다. 시계를 보니 6시 30분쯤.
―아빠, 왜 아직도 자고 있어?
주동이가 씩 웃으며 물었다. 목소리에 힘이 실려 있었다.
―괜찮아?
나는 주동의 이마를 짚었다. 익숙한 주동의 체온이 느껴졌다. 열이 내린 상태였다. 안도감이 들었고, 동시에 불안감이 엄습했다. 주동이 소리를 빽 질렀다.
―아빠, 심심해! 이제 일어나라고!
으악!

*

　월요일이 됐고 주동은 완전히 회복했다. 다행히 백일해도, 장염도, 마이코플라스마 폐렴도 아니었다. 이래서 독자들이 열린 결말을 좋아하는구나…… 절망 속에 희망이 깃들어 있으니까. 주동을 등교시킨 뒤 작업실에 가기 위해 지하철을 탔다. 에세이와 단편소설 마감이 겹쳐서 마음이 급했지만, 마음이 급해 봤자 되는 일은 아무것도 없고 어차피 전부 다 해낼 거라는 걸 알고 있었다. 소설가가 된 지 11년, 항상 그래 왔으니까. 그래도 길버트와 계약을 무른 뒤라 한결 편안해진 듯. 처음에는 섭섭했지만 지금은 개운하기만 했다. 좀만 더 기다려 보고 연락이 없으면 직접 연락해서 확실히 마무리해야겠다는 생각이 들었다.

　지하철에서 주 주무관이 추천한 드라마 「그해 우리는」을 봤다. 김다미, 최우식보다 김다미를 짝사랑하는 김상철에게 감정이입이 됐고, 김상철을 짝사랑하는 전혜원에게 감정이입이 됐다. 살면서 짝사랑을 많이 했던 건 아닌데 왜 이러지…… 이런 의문을 갖다가 짝사랑이 아니라 PD라는 직업에 감정 이입하고 있는 게 아닐까라는 생각이 들었다. 카메라 뒤에 숨은 관찰자.

행당역 즈음 허기가 느껴졌다. 작업실 근방에는 먹고 싶은 음식이 더 이상 없다는 생각이 들었다. 절망. 지하철 노선도를 봤다. 행당역, 신금호역, 청구역…… 문득 청구역과 신당역 사이에 있는 칼국숫집이 떠올랐다. 동국대학교에 다닐 때만 해도 동대입구역 근방에 있다가 어느 순간 자리를 옮겨간 식당. 된장 베이스의 돼지뼛국과 고기 국물 베이스의 손칼국수. 특히 나는 칼국수를 좋아했는데, 국물에 넣는 다대기가 예술이었지. 갈까 말까 고민을 하다가 청구역에 도착했다는 안내음을 듣고 나도 모르게 내려 버렸다. 그리고 곧바로 그 식당에 가서 칼국수를 먹고 밥까지 말아 먹었다. 분명 맛있었다. 다만 예전만큼 감동적이진 않네. 나도 나이를 먹었나 봐. 칼국수가 아니라 내가 문제인 듯.

칼국수의 단점은 입이 텁텁해진다는 것이다. 입가심을 하고 싶었다. 추억의 칼국수를 먹고 보니 추억의 디저트가 당겼다. 학교에 다닐 때 가장 많이 사 먹었던 디저트는 태극당 모나카다. 모나카를 먹으며 간만에 학교나 둘러볼까. 또 충동적으로 청구역에서 6호선을 타고 약수역으로 가서 3호선으로 갈아타고 동대입구역으로 향했다. 그래도 작업량을 채워야 할 것 같아서 스타벅스에 들러서 노트북을 켰다.

　신라호텔은 다대기다.
　장충단공원은 짝사랑 전문 PD다.

　묘사 연습을 한 뒤 한 시간 정도 집중을 해서 소설을 썼다. 중반까지 썼는데 다시 보니 성에 차지 않았다. 초조해졌고 한시라도 빨리 완성도를 올리고 싶은 욕심이 생겼다. 위험한데…… 이러면…… 나도 모르게 힘이 들어가는데…… 에라 모르겠다는 생각이 들었고, 처음부터 다시 읽으면서 추가 작업을 했다. 정신을 차리고 보니 세 시간이 흘러 있었다. 원래 동대입구에서 시작해 후문에서 충무로까지 학교를 천천히 둘러볼 계획이었는데, 주동의 하교까지 시간이 애매하게 남아 있었다. 고민을 하다가 다른 데는 가지 못해도 동아리방은 한번 들러 보고 싶다는 생각이 들었다. 학교생활의 가장 큰 추억이 서려 있는 공간으로 뛰어들고 싶다는 아저씨 본능.

　태극당에 들러 모나카만 사려다가 모처럼 왔는데 하나만 사기 좀 그래서 슈크림빵과 소보로빵도 샀다. 모나카 아이스크림을 먹으며 엘리베이터를 타고 학술관으로 올라갔다. 문화관, 명진관, 중도를 차례로 지나치고 내리막길을 내려가서 공대 건물을 지나 학생회관으로 들어갔다. 다른 공간은 시간이 흐른 만큼 변해 있었는데 동방이 있는 학생회관은 그대로였다. 3층으로 올라가 문 앞에 섰다. '영화공동체 디딤돌'. 도어락이 설치돼 있었고, 벽면에는 독립영화 공모전 포스터가 붙어 있었다. 「인간 쥐의 습격」을 만들고 애오개역인가 서대문역인가에 있었던 서울독립영화제 사무실에 카피본을 전달하고 왔던 기억이 났다. 결과는 광탈. 담배를 피우곤 했던 계단에 걸터앉아 잠시 휴식을 취했다. 오랜만에 친했던 선배에게 전화를 할까 싶어서 휴대폰을 만지작거리고 있을 때 팀장에게 전화가 왔다. 얼떨결에 전화를 받았더니 팀장이 다짜고짜 화를 내기 시작했다.

16화
다 한순간이다

한동안 팀장의 화풀이를 받아냈다. 매번 왜 이 인간의 갑질을 감당해야 하는지, 가슴이 먹먹해졌다. 화가 잦아들 때까지 기다렸다가 이유를 물었다. 팀장은 너는 나를 두 번 연속 물 먹였다고 씩씩거렸다.

― 제가 무슨…… 물을…….

도무지 영문을 모를 일. 팀장은 퇴사 이야기를 왜 자신에게 먼저 하지 않고 대표에게 메일링했냐고 물었다. 나는 지금 대표와 직접 커뮤니케이션하며 일하고 있기도 했고, 무엇보다 퇴사와 관련된 권한은 대표에게 있지 않냐고 답했다.

― 건방진 새끼, 너 T니?

팀장이 악을 썼다. 그때까지도 왜 팀장이 왜 건방지다고 하는지 짐작할 수 없었는데 좀 더 대화를 나누니까 조금은 이해할 수 있을 것 같았다. 어느 정도 시간이 흐른 뒤 팀장은 한껏 차분해진 음성으로 직장에는 엄연히 직급이라는 게 있고 각각의 계급에 충실할 때 한국 사회가 좀 더 발전적인 방향으로 나가지 않겠냐고 훈계했다. 쉽게 말하면, 퇴사 이야기를 대표에게 먼저 하면 본인의 관리자로서 조직 장악력을 의심하지 않겠냐고, 연출자 추천 이슈만큼이나 자신을 욕보이는 행위라는 것이었다. 그래도 나름 인간적인 분이라 그리 밉진 않았는데, 직급 계급 운운하는 소리에 속마음을 들은 것 같아서 대표가 나를 택해도 앞으로 같이 일하기 힘들겠다는 생각이 들었다. 마음속으로 붙잡으면 어떻게 거절할지 시뮬레이션하고 있을 때 팀장이 말했다.

— 대표님이 전해 달래. 넌 해고야!

팀장이 덧붙였다.

— 잘 살아라. 다신 마주치지 말자.

— 네?

— 실력도 없는 새끼가 콧대만 존나 높아서.

팀장은 킬킬거리더니 전화를 끊었다. 뭐지, 이 새끼는…… 어이가 없어서 멍하게 있었는데, 잠시 뒤 인사팀에서 전화가 와서 퇴사 안내를 했고 특히 내가 재직 중에 썼던 IP는 모두 회사 소유라는 걸 유념하라고, 퇴사 후 IP 문제로 알게 모르게 소송 분쟁이 많다고 협박 아닌 협박을 받았다.
그제서야 나일선을 소개해 준다는 이야기를 미처 나누지
못했던 게 떠올랐는데, 이런 회사라면 얘기도 나오지 않은 게
다행이라는 생각이 들었다.

 분이 풀리지 않았다. 학교에 다닐 때 꿈을 키웠던
동아리방 앞에 앉아서 팀장에게 해고 통보 전화를 받을
줄은 상상도 못 했다. 20년 전 나는 이 시퀀스 하나 때문에
영화 동아리에 들어갔던 걸지도 모른다는 생각이 들었다.
후…… 그래도 꿈꿨던 분야와 비슷한 업계에 있긴 하네……
열심히 살았어…… 이런 생각이 들었다. 나는 핸드폰을 켜고
수신자를 팀장으로 지정한 뒤 메시지를 쓰기 시작했다.
 ─실력도 벨도 없는 새끼, 우리가 다시 마주치면 내가
너와 대표를 죽인 다음에 대가리를 잘라서 바꿔 달고…….

 나는 고민하다가 결국 보내지 않았다. 그때 한 무리의
대학생들이 웃고 떠들면서 동아리방에 들어갔다. 나는 한번
들어가 볼까 고민을 했다. 예전에 썼던 방명록이 궁금하긴
한데…… 후배들한테 커피도 한잔 사 주고……. 그런데 뭔가
낯선 사람을 대할 자신이 없었다. 기분도 별로였고. 나는
몸을 일으켰다.

 아침에 일어났더니 작업실 임대인에게 계약 만료가 얼마 남지 않았다는 메시지가 와 있었다. 연장할지 말지 정해야 할 타이밍. 별거 아니라면 별거 아니긴 한데 고민이 됐고 괜히 심란했다. 내 마음과 달리 주동은 신이 나 있었다. 오늘만 학교에 나가면 생애 첫 방학이기 때문이다. 그리고 나는 생애 첫 방학을 맞는 초딩의 부모가 됐다. 그들이 몰려온다. 방학 때만 되면 인터넷 곳곳에서 보였던 짤들이 이해되는 순간. 주동의 손을 잡고 등교하면서 물었다.

 ─주동아, 방학이 그렇게 좋아? 학교에 가서 서너 시간 친구들하고 놀다 오면 좋지 않아? 어차피 매일 노는데, 네가 방학이 뭐가 필요해?

 ─나는 집에서 아빠랑 있는 게 더 좋아.

 주동이 답했다.

 ─학교 끝나고 같이 있으면 되잖아.

 내가 말했다.

 ─아빠, 다 한순간이다.

 ─뭐가?

 ─내가 아빠랑 있고 싶어 하는 거.

 주동이 나를 물끄러미 바라봤다. 말문이 막혔다. 그런

내게 바이바이를 한 뒤 학교로 향하는 어린이 무리 속으로 뛰어 들어가는 주동이. 학교라는 세상이 주동에게 그리 가혹하지 않길 바라면서 발걸음을 돌리는…… 그러나 막상 여름방학을 맞아 품에 끼고 있자니 이 세상이 나에게는 유독 가혹하다고 여겨지는 아빠.

 로그라인 : 여름방학을 맞아 어느 캠핑장에 초대를 받은 아빠와 딸, 그들 앞에 살아남기 위한 본격 육아 서바이벌이 펼쳐지는데…….

 작업실에 가기 위해 지하철을 탔다. 드라마가 당기지 않아서 유튜브를 켰는데 한일가정 채널이 알고리즘으로 떴다. 별생각 없이 눌러 봤더니 도쿄에 거주하는 한국인 남편과 일본인 아내가 주인공인 채널이었다. 보다 보니 남편의 얼굴이 낯이 익었다. 제대 후 동아리에서 단편영화를 찍을 때 캐스팅했던 지인의 지인. 그때 우리가 말을 놓았던가 존대를 했던가. 반가운 마음에 그 채널을 연달아 보다가 인스타그램 아이디가 있길래 DM으로 안부 인사를 전했다. 반가운 거 보니 호감이 있었던 것 같은데 인연이 왜 끊겼었지? 문득 나는 타인과 가깝게 지내는 일에 서툴다는 생각이 들었고, 누군가를 나의 바운더리 안으로 들이는 걸 본능적으로 방어한다는 생각도 들었다. 이렇게 살아도 되나…… 그런데 어떡해…… 이 상태로 이미 많이 살았는데……. 그때 주 주무관에게 메시지가 도착했다. 누르지 않고 훑어보니 어떤 연예인 MBTI 분석. 나는 메시지를 안읽씹하고 다시 유튜브를 보기 시작했다.

*

　작업실에 도착했다. 여름 방학 동안 주동을 보느라 작업실 오기가 쉽지 않을 터였다. 주문했던 17차를 박스에서 꺼내 냉장고에 넣어 놓고 분리수거를 한 뒤 청소기를 돌렸다. 화장실 청소를 하고 세탁기에 쌓여 있던 수건을 삶았다. 에어컨을 켠 뒤 자리에 앉으니까 땀이 식었다. 쾌적하고 고요하고…… 혼자만 있는 공간. 디스 이즈 헤븐.

　화이트보드는 여전히 깨끗했다. 침입자는 아직도 성남 본가에 있는 건가. 조만간 확인하러 가 봐야겠다는 생각. 안 보이니까 궁금하긴 하네. 작업실 연장 계약을 하지 않더라도 나를 계속 따라오는 건가. 아니면 여기에 머무르며 다른 세입자를 조롱하는 건가. 설마. 성남까지 따라왔는데, 계속 따라오겠지?

이 정도면 깨끗하지?

화이트보드에 이렇게 쓴 뒤 노트북을 켰다.

효창공원은 안읽씹이다.
그랜드하얏트서울은 17차다.

 묘사 연습을 한 뒤 메일을 열었다. 문예지 하나, 앤솔러지 하나, 단편소설 청탁이 두 건 있었다. 전부 다 그리 끌리진 않았다. 이제 진짜 하고 싶은 것만 하기로 했잖아. 거절을 하려고 했지만, 이내 줄어든 수입 걱정이 됐다. 진진이 괜찮다고 하긴 했는데…… 마감 일자를 따져 본 뒤 수락하는 메일을 보냈다. 그 뒤엔 나일선과 길버트에게 미팅 일정 조율 메일을 보냈다. 메일 보내는 건 항상 고민되고 어려운 것 같다는 생각을 했고, 돈을 많이 번다면 메일을 보내는 보조 작가를 두고 싶다고 생각했다.

 민방위 교육 동영상을 틀어 놓은 뒤「반품 알바」를 쓰기 시작했다. 한 시간 정도 지나니까 동영상 교육이 끝났다. 오지선다형 평가가 이어졌다. 90점. 교육을 하나도 듣지 않았는데? 올해 처음으로 생각했다. 혹시 나 천재인가?

허기져서 배민으로 훈제 오리 샐러드와 자몽 콤부차를 주문했다. 작업을 하다가 배달 온 샐러드와 콤부차를 먹고 디저트가 당겨서 요즘 유행하는 요거트 아이스크림을 먹어 볼까 하고 어플을 켰다. 기본 요거트 아이스크림 150g에 이것저것 토핑을 추가하니까 2만 원이 넘었는데 이게 맞나 하는 생각이 들었다. 그래서 그냥 포기.

*

주동의 여름방학 첫날. 6시에 눈이 떠졌다. 주동이 일어날 때까지 작업량을 채우기 시작했다. 비상 상황. 틈틈이 작업을 해서 작업량을 채워야 한다. 다만 집중력은 올라가서 퀄리티에 있어서는 평소보다 낫다는 판단이다.

잠시 후 진진이 일어나서 출근 준비를 했고, 7시 반쯤 집을 나섰다. 주동은 8시쯤 일어났다. 고구마 말랭이를 아침으로 줬더니 『읽으면서 바로 써먹는 어린이 속담』을 읽으며 냠냠 먹는 주동 어린이. 요즘 주동은 30분 정도 독서에 집중할 수 있었다. 나는 작업을 더 했다. 어느 순간 주동이 말했다. 흐느적흐느적 내게 걸어오면서.
— 아빠 심심해.

―주동아 심심해.

나도 말했다. 주동의 말문을 막히게 하는 방법이다.

―나 삐진다.

주동이 말했다.

―나 삐진다.

나도 말했다. 주동은 치⋯⋯ 이러더니 슬라임을 갖고 놀자고 했다. 나는 노트북을 끄고 주동과 슬라임을 뭉쳐 커다랗게 만들었다. 슬라임을 길게 늘어뜨려 바닥에 치대고 버블을 만드는 바풍 놀이를 했다. 어느 정도 지나니까 나는 질렸는데 흘긋 보니 주동은 지금부터 시작인 느낌이라 등골이 오싹했다. 주동은 슬라임을 질질 끌고 다니면서 으어어어어어⋯⋯ 라고 부르짖기 시작했다. 그러면서 우히히히히 웃었다. 무한 반복.

―주동아 그게⋯⋯ 그렇게⋯⋯ 재미있어?

내가 물었다. 그러자 주동이 나한테도 해 보라고 했다. 나도 슬라임을 축 늘어뜨려서 으어어어어어어어 라고 부르짖었다. 주동이가 했을 땐 꽤 귀여웠는데 내가 하니까 좀비 같네.

로그라인: 초딩 1학년 딸과 함께 슬라임을 갖고 놀다가 좀비가 된 아빠의 일상.

주동은 내게 계속 해 보라고 했고, 나는 계속
으어어어어어어…… 주동이 우히히히히 배를 잡고 웃었다.
그래 네가 웃으면 나도 좋아…… 주동이 웃으니까 나도 피식
웃음이 나왔다.

— 봐 봐, 재미있다고 했잖아.

주동이 말했다. 그리고 나한테 말다툼 놀이를 하자고
했다.

— 무슨 놀이?

— 말다툼 놀이.

— 그게 뭔데?

— 말다툼을 하는 놀이.

주동이 이걸 모르는 게 이해가 가지 않는다는 눈으로 나를
봤다. 정신이 멍했다.

— 그럼 나 먼저 한다.

주동이 해맑게 웃었다.

와, 슬라임에 말다툼 놀이까지 하니까 10시. 진짜 아직
10시. 아직 오전이라니. 몸살 걸린 것처럼 온몸이 아픈데……
진진이 올 때까지 무려 9시간이 남았다. 앞으로 남은 방학을
계산했다. 개학이 8월 중순이니까…… 특단의 조치가
필요하다고 생각했고, 왜 초등학생 부모들이 학원 뺑뺑이를

돌리는지 이제야 알 수 있었다. 혼자만의 시간이 필요했다. 산책이라도 하고 싶었고 카페에 가서 맛있는 커피 한잔하고 싶었지만 나는 묶인 몸이다. 육아는 그런 것이다. 항상 곁에 있어야 해서 고달픈 것. 문득 외부에서 미팅 같은 걸 하다가 일정이 있는 진진과 배턴 터치를 하기 위해 미친 듯이 달렸던 날들이 떠오른다. 시간이 정해져 있는 것, 시간을 지키기 위해 흘리는 땀, 내가 가장 싫어하는 것들.

  갑자기 집이라는 공간이 숨 막히게 답답했다. 일단 밖으로 나가야겠다는 생각이 들었다. 주동이 요구르트를 먹는 동안 아이들이 좋아할 만한 공간을 서치했다. 어린이박물관이 나왔다. 괜찮은데? 시원하면서도 교육적이기도 하고. 국립민속박물관 어린이박물관, 국립중앙박물관 어린이박물관, 국회박물관 어린이박물관, 전쟁기념관 어린이박물관…… 주동에게 보여 주며 어디 가고 싶냐고 물었다. 주동은 전쟁기념관 어린이박물관을 골랐다. 다행히 자리가 있어서 예약할 수 있었다.
  — 어? 맞다. 여기 아빠 작업실 근천데…….
  내가 말했다. 주동이 어깨를 으쓱했다.
  — 작업실에서 보인다니까.
  내가 덧붙였다.

―근데?
주동이 되물었다.

*

 나는 카시트에 주동을 태우고 전쟁기념관으로 향했다. 주동이 보는 풍경과 내가 보는 풍경의 차이, 엄마, 아빠에 대한 생각, 살면서 느꼈던 것들, 꿈과 미래. 주동과 했던 대화는 평생 잊지 못할 것이다. 비밀로 간직해야지.

 주동과 전쟁기념관을 둘러본 뒤 뭘 먹고 싶냐고 하니까 탕수육이라는 답이 돌아왔다. 탕수육 맛집으로 유명한 명화원에 갈까 했는데, 대기가 1시간이 넘는다고 해서 차를 타고 일대를 떠돌다가 한남동으로 향했다. 한남동자리에 가서 탕수육과 새우볶음밥을 먹고 무더위를 피해 고메이494 를 거닐다가 블루보틀로 들어갔다. 나는 아이스 라떼를, 주동은 우유로 만든 소프트 아이스크림을 주문했다. 내 입맛에는 아이스 라떼가 연해서 지브랄타라는 플랫화이트 메뉴를 시킬걸 후회가 됐다. 주동이 먹는 아이스크림을 한 숟가락 먹었는데 와우…… 진하고 진득하고 고소하고 신선하고…… 주동도 맛있었는지 더 이상 주지 않았다. 다음에 오면 나도 아이스크림 시켜야지.

    집에 도착했다. 주동이 책을 읽는 동안 에세이를 썼다. 어느새 옆에 와서 뭐 하냐고 물으며 참견을 하는 주동이. 어떤 글을 쓰는지 한참 설명했는데 알아듣지 못하는 눈치여서 첫 여름 방학을 맞이한 딸을 둔 아빠로서 일기를 쓰고 있다고 둘러대니까 본인도 일기 쓰는 거 좋아한다며 같이 쓰자고 한다.
    — 잘됐네. 공책 가져다줄게.
    내가 말했다.
    — 싫어. 나도 노트북으로 쓸래.
    — 응? 엄마 노트북 갖다줄까? 그런데 너 타이핑할 수 있어?
    — 아니.
    — 그럼?
    — 아빠가 있잖아.
    — 뭐가?
    — 내가 불러 줄 테니까 받아쓰라고.
    주동이 장난스러운 표정을 지었다. 나는 자유를 억압당했을 때 창작력이 샘솟는다.

17화
나는 이제 당신 글을 읽지 않아

주동의 방학은 마치 열대야처럼 끝날 듯 끝날 듯 끝나지 않았다. 어디 어디 다녀왔더라…… 국립민속박물관, 롯데월드 어드벤처, 어린이대공원, 여의도 더현대, 파주 코카콜라 박물관, 과천어린이미술관…… 여러 군데 돌아다녔는데 구체적으로 뭘 했는지 기억이 나질 않네. 왜냐하면 나는 항상 넋을 놓고 있었기 때문이다. 가끔 주동과 보내는 시간의 소중함을 되새기고 순간순간에 최선을 다하자고 다짐을 하긴 하는데…… 그때뿐이네.

작가에게 아이가 생긴다면 글보다 아이를 우선순위에 두는 게 정신 건강에 좋다. 갓난아이였던 주동을 아기 띠에 안아 재운 뒤 선 채로 소설을 썼던 기억. 그 무렵 썼던 게 「바게트 소년병」이었나…… 눈물이 없는 편이라 나조차도 믿기지 않는데 진짜 울면서 썼다. 왜 『야만스러운 탐정들』에서 울리세스 리마가 샤워를 하며 책을 읽었는지 이해할 수 있다는 생각. 샤워기 아래서 눈물을 감추기 위해. 그렇게 나는 주동이가 세 살 때까지 글을 우선순위에 둬야 한다는 강박을 버리지 못했고, 지금은 아시는 바와 같이…… 될 대로 돼라……. 나를 버티게 한 건 언젠가 유서에 써 놓은 '이제 내가 위해서가 아니라 주동을 위해서 살자.'는 구절.

[여름방학 시간표]

5시: 기상 및 작업

8시: 진진 출근

9시: 주동 기상, 아침 식사

9시~12시: 주동 자유시간

12시: 점심 식사

13시~15시: 도서관

15시~19시: 주동 자유시간

19시: 진진 퇴근, 저녁 식사

20시~22시: 주동 자유시간, 주동 취침

22시~1시: 작업 및 취침

시간표에 나와 있듯, 내가 글을 쓸 수 있는 시간은 주동이 자는 밤과 새벽뿐이었다. 처음에는 약간의 긴장감 덕분인지 작업이 잘 되는 느낌이 들었는데, 점점 지치고 예민해졌다. 타이핑 소리나 여름밤 매미 울음소리 같은 게 거슬려서 좀처럼 진도를 나가지 못했다. 그래도 낮에 주동과 시간을 보내기 위해서는 단편소설 마감을 마무리하고 앤솔러지에 들어갈 에세이 교정을 끝내고 연재 마감도 해야 하는데……. 늦게 자고 새벽에 일어나서 작업을 강행하다 보니 머리가 빙글빙글 도는데 이거 병이라도 생긴 거 아닐까 검색을 해 보니 그냥 잠이 부족해서 그렇다고. 몸보신이라도 해야 하나. 자양동에 살 때 단골이었던 라멘집 부탄츄의 진한 돼지 사골 국물이 당기는데 고덕동에는 괜찮은 라멘집이 없네.

전에 밝혔다시피 나는 무리를 하면 입병으로 증상이 나타난다. 이번 여름방학에도 혀, 입술, 입천장에 돌아가면서 염증이 생겼다. 물 먹기도 침 삼키기도 힘들 정도였다. 인스타그램에서 누군가 '이비환'이라는 약이 좋다고 해서 먹어 봤는데 아무 효과도 없었다. 나는 면봉으로 오라메디를 바르며 중얼거렸다. 순진한 놈, 광고에 또 속았네.

비관적으로만 쓴 거 같은데 행복할 때도 많다. 제일

기다려지는 건 주동과 같이 쓰기로 한 만화책을 구상하는 시간이다. 나는 글을, 주동은 그림을 맡았고, 우리는 시간이 날 때마다 만화책에 대해 토론한다.

 -제목: 곰돌이즈.
 -로그라인: 초등학교에 입학한 곰돌이 곰곰이의 돌봄교실 적응기.
 -등장인물
 곰곰이: 곰. 8세. 여자. 생각이 많고 엉뚱함.
 판당: 판다. 8세. 남자. 똑똑하고 생각보다 까다로움.
 깡충이: 토끼. 8세. 여자. 판당보다 더 똑똑하고 착함.

 그림 그리기 대결도 기다려지는 시간이다. 하나의 주제를 정하고 동시에 그려서 승부를 가르는 것이다. 집중하는 주동의 모습도 재미있었고, 어느새 그리기에 집중하고 있는 나를 느끼는 것도 흥미로웠다. 심판은 진진. 당연히 진진은 주동이 손을 들어 준다.
 — 만세!
그럼 주동은 세상을 다 가진 듯 좋아한다. 귀엽네…….
 — 나도 소설 그만두고 그림이나 그릴까?
내가 물었다.
 — 아니, 징그러워.

진진이 답했다.

*

  8월의 어느 날. 주동이 미술학원 여름 바다 그리기 특강을 가서 오랜만에 세 시간 정도 비었다. 집안일이 있어서 신경 쓰다가 배가 고파서 아파트 후문 근처 소머리국밥집으로 갔다. 소머리국밥을 먹을까, 막국수를 먹을까, 회덮밥을 먹을까 고민하다가 비빔 막국수를 주문했다. 소머리국밥 국물을 같이 먹으라고 줬기 때문에 일석이조랄까…… 그런데 역시 막국수는 수육과 같이 먹어야 하는데 국수만 먹으니 살짝 아쉬웠다. 그렇다고 수육을 시키자니 너무 비싸고…… 국밥집 수육은 왜 이렇게 비쌀까.

  그리고 단골 카페인 에이치앰퍼샌드에 가서 플랫 화이트를 시키고 노트북을 켰다. 잠이 쏟아졌다. 집에 가서 에어컨을 켜 놓고 낮잠이라도 자고 싶었는데, 할 일이 너무 많아서 불안했다. 그런데 의욕은 생기지 않고 몸이 축 처지는 느낌이 들었다. 뇌까지 늘어져서 슬라임처럼 바닥에 딱 붙어 있는 느낌. 인간 슬라임. 요새 자꾸 슬라임 생각이 나서 슬라임을 소재로 한 작품이 없나, 없으면 내가 써 볼까 찾아보면서 시간을 보냈다. 그러던 중 신작 장편을 떠올렸는데 좀더 구체화되면 밝히도록 하겠다.

   나는 내 상태가 안 좋은 이유를 알고 있었다. 마땅히 누구에게 말해야 할지 모르겠어서 여기에 쓴다. 위의 위 문단에서 말했던 집안일 때문에 요새 삶이 버거웠다. 오전에 엄마에게 전화가 왔는데, 아빠 상태가 악화되어 퇴원이 미뤄졌고 보험이 적용되지 않는 값비싼 항암제를 투여해야 한다는 진단이 내려진 것. 이미 생활비도 다달이 주고 있는 터라 그 이상은 나도 무리였다. 주동을 학원에 보낸 뒤 실비보험을 적용받을 수 있는 방법은 없는지 보험사 콜센터 직원, 심사관과 통화를 했고, 병원 원무과에 문의해서 제약사 지원금을 받을 수 있는지 문의했다. 재난적 의료비 지원을 받을 수 있다고 해서 건강관리공단과도 통화를 했다.
   결론: 될 수도 있고, 안 될 수도 있다.

   진이 빠졌다. 엎친 데 덮친 격, 전화를 끊고 보니 아파트 재계약 시즌을 맞아 보증금을 3천만 원을 올려 달라는 문자가 와 있었다. 어떻게 목돈을 구해야 할지 막막했다. 사기 사건은 해결될 기미도 보이지 않고, 3천만 원이면 단편 30편…… 3개월 내에 구해야 하는데…… 청탁이 온다 쳐도 쓰는 게 가능한가? 인생 난이도가 왜 이렇게 높냐고, 당신도 그렇냐고, 누군가에게 하소연하고 싶었지만 그럴 만한 상대가 마땅히 떠오르지 않았다. 진진에게 이야기하기는 왠지 미안했고, 주동을 잡고 이야기하기에도 좀 그렇고…….

상념에 빠져 있을 때 주 주무관에게 연락이 왔다. 신나게 동료 직원 MBTI 이야기를 하는 주 주무관. 이때다 싶어서 내 이야기를 좀 했더니 아이고……라는 메시지를 보낸 뒤 말이 없었다. 어쩌면 나는 삶의 대부분을 들어 주는 사람으로 포지셔닝해 왔고, 의식적이든 무의식적이든 이것만이 내가 이 사회에서 살아남는 법, 다른 사람들과 어울려 사는 법이라고 생각하고 있었던 게 아닐까 하는 생각이 들어서 기분이 다운됐다. 후…… 그래도 이렇게 글 쓰니까 좀 괜찮아지네. 하소연 들어 주셔서 감사합니다.

「반품 알바」 마지막 대목이 잘 써지지 않아서 잠깐 놔두고 에세이 마감부터 하기 시작했다. 저절로 한숨이 쉬어졌지만 마감이 얼마 남지 않아서 억지라도 정신을 차려야 했다. 시간이 조금 흘렀다. 이런 기분으로 글을 쓰고 있자니 왠지 억울했다. 아무도 나한테 뭐라고 하지 않았는데 너무 억울했다. 이렇게 사는 게. 이렇게 사는 나를 아무도

모르는 게. 이렇게 사는 나를 아무도 모르는데 이렇게
끊임없이 글을 쓰고 있는 게. 피해망상. 자격지심. 자존감
결핍. 자기혐오. 뭐라고 불러도 해당될 온갖 현대사회
병폐들이 나에게 깃들어 있었고, 나는 누구에게도 도움되지
않는 그것들을 소설로 표현하느라 머리를 쥐어뜯고 있었다.
아이스 아메리카노를 추가 주문한 뒤 한동안 멍하니 앉아
있었다.

 — 차기작은 다 쓰셨나요? 만족하세요? 이제 연재를
그만둬도 될까요?

 어느 순간 나는 충동적으로 크리스토퍼 놀란에게
메시지를 보냈다.

 놀란에게 회신이 왔다.

 — 나는 이제 당신 글을 읽지 않아. 억지로 쓰고 있는
느낌이라서. 더 이상 차기작에 도움이 되지 않거든.

*

 나일선과 길버트의 미팅 자리를 주선해야 하는데 주동의
여름방학 때문에 미뤘더니 둘이 알아서 잘 만났다는 연락이
왔다. 약속을 못 지켜서 미안하다고 나일선에게 문자를 한
뒤 주동과 안세영 선수가 출전한 올림픽 배드민턴 경기를

봤다. 주동은 안세영이 인상 깊었는지 배드민턴이 치고 싶다고 했다. 하남 스타필드 데카트론에 가서 미역국 정식을 먹고 어린이용 배드민턴 라켓을 사서 집으로 돌아왔다. 날이 흐려서 덥지 않아 배드민턴을 치기 나쁘지 않은 날이었다. 아파트 단지 배드민턴장에서 주동과 배드민턴을 쳤다. 잠시 후 비가 후두둑 떨어지기 시작했다.

― 달팽이다!

집으로 뛰어 들어가는 길에 주동이 외쳤다. 달팽이는 화단을 향해 기어가고 있었다. 집에 들어가자고 해도 비를 맞으며 달팽이를 관찰하는 데 여념이 없는 주동이. 뭔가 느낌이 불안한데…….

― 키우자!

주동이 외쳤다.

우리는 한동안 달팽이를 키우는 문제로 설전을 벌였다. 당연히 나는 키우지 말자, 주동은 키우자였다. 나는 자연에 그대로 두는 게 달팽이에게도 좋다고 했고, 주동은 유튜브에서 봤다며 자연에 그대로 두면 금방 죽는다고 했다. 나는 그게 자연의 순리라고 했는데 주동은 자연의 순리가 뭐냐고 물어서 설명하는 데 애를 먹었다. 의견이 계속 대립되자 주동은 엄마한테 문자를 보내서 의견을 묻자고 했다. 진진은 주동이가 전담해서 돌볼 거면 오케이라고 회신을 했다.

— 내가 다 할게.

주동이 고개를 끄덕였다.

— 똥도 치우고? 밥도 주고?

내가 물었다.

— 당연하지.

주동은 걱정하지 말라고 했다.

— 근데 마리모 물 갈아 주는 건 이제 아빠가 다 하는데? 마지막으로 한 번만 더 생각해 보자.

내가 말했다. 주동이 치트키를 쓰기 시작했다. 엉엉 울어 버리기.

*

근처 문구점에 가서 사육장을 샀다. 사육장 안에 얇은 천을 깔고 분무기로 물을 뿌려 촉촉하게 만들었다. 주동은 장난감 컵에 주워 온 돌멩이를 넣고 꾸몄다. 마지막으로 상추 하나를 넣어 주었더니 갉아 먹기 시작하는 달팽이. 주동은 잠들 때까지 달팽이 사육장을 보느라 정신없었다. 이렇게, 오늘 하루는 달팽이로 넘어갔구나. 주동을 재운 뒤 진진과 보증금 증액에 대해 대화를 나누다가 둘 다 스르르 눈을 감았다.

   잠에서 깼다. 밤 11시. 거실로 나와서 스탠드를 켜고 사육장을 보니 달팽이는 부지런히 기어다니며 여기저기에 점액질을 묻히고 있었다. 인터넷을 검색했더니 달팽이 전용 쇼핑몰이 있었다. 보리를 갈아서 만든 특식과 사육장 전용 천, 응애벌레 제거 약품을 주문했다. 후기를 읽어 보니 달팽이는 세입자의 반려동물로 인기가 많았다. 강아지, 고양이는 집을 망가뜨린다며 임대인이 선호하지 않는다는 것. 그래, 나도 세입자구나. 문득 주제 파악이 됐달까. 그러자 다시 전세보증금을 구해야 한다는 사실이 떠올라 괴로웠다. 이 나이 먹도록 3천만 원도 없고, 빌릴 데도 없고…… 능력이 없으면 인맥 관리라도 잘했어야 했는데…… 난 그저 나 편한 대로 막 살았구나. 주동이 적금 통장에 300만 원은 있고, 주동이 돌 반지도 있고…… 죄책감이 들었지만 어쩔 수 없지. 나머지는 진진이 대출을 알아본다고 했으니 일단 두고 봐야지. 그런데 대출받으면 이자는 또 어쩌지…… 이대로 사는 게 맞는 걸까? 그때 식탁에 『마법의 고민 해결 책』이 놓여 있는 게 보였다. 책을 열었다.

오한기 개새끼

내가 펼친 페이지에는 이렇게 타이핑돼 있었다.

작가의 말

『소설 쓰기 싫은 날』은 2023년 가을부터 대략 1년 동안 민음사 블로그에 연재한 에세이다. 여러모로 힘들었던 시기였던 터라 쓰는 내내 연재료에 감사한 마음이었던 게 기억난다. 2주마다 마감을 하는 즉흥적인 작업이었는데 의외로 즐거웠고 그래서 나는 생각보다 임기응변이나 위기대응력이 뛰어난 타입이구나 하는 생각도 들었다. 여기까지 쓰고 보니 불현듯 마감에 허덕이던 게 떠오르네. 나는 생각보다 고생했던 건 금방 잊어버리는…… 긍정적인 인간이구나.

『소설 쓰기 싫은 날』은 『산책하기 좋은 날』 시즌 2 격이라고 볼 수 있으며, 『무료주차장 찾기』에 실린 단편소설들과 비슷한 시기에 쓰였고 세계관과 캐릭터를 공유하고 있다.
에세이라고 하지만 소설로 봐도 무방하다. 특정 시점의 내
삶과 유사한 궤적을 그리고 있지만 완벽하게 일치하지는
않기 때문이다. 고덕과 작업실을 오가며 작업을 하긴
했지만 내가 실제 무슨 작업에 몰입하고 있었는지는 나오지
않는다. 진진과 나, 주동의 어떤 속성과 대화들, 그리고 당시
발표했던 글 정도를 제외하면 나머지는 대부분 픽션이다.

 『소설 쓰기 싫은 날』을 연재하는 동안 주동은
유치원생에서 초등학교 1학년이 됐고, 단행본으로 묶이는
지금 이 시점에는 초등학교 2학년이다. 주동은 「바게트
소년병」을 읽고 코멘트를 할 만큼 자랐고, 나는 몇몇
소설들을 주동의 키가 닿지 않는 책장 윗칸으로 옮기며
정신 똑바로 차리고 살아야겠다는 생각을 했다. 점점 나를
닮아 가는 주동이. 저주받은 운동신경마저 닮았다. 오늘
주동은 등굣길 내내 며칠 앞으로 다가온 운동회가 싫다며
투덜거렸다. 달리기를 해 봤자 꼴등인데 굳이 해야 되냐면서.
 아빠, 체험학습 신청하면 운동회 날 결석해도 되잖아.
우리 가족 여행이나 가자. (귓속말) 엄마 몰래 모아 둔 돈
있거든. 내가 아이스크림 쏠게.
 주동이 교문으로 들어가기 전에 속삭였다. 나는 집으로

돌아오면서 고민했다. 하기 싫은 걸 하지 않도록 도와주는 게 맞는 거야? 그럼에도 불구하고 포기하면 안 된다고 용기를 북돋아 주는 게 맞는 거야?

매일과
영원

소설 쓰기 싫은 날
오한기 에세이

1판 1쇄 찍음 2025년 7월 4일
1판 1쇄 펴냄 2025년 7월 18일

지은이　오한기
발행인　박근섭·박상준
펴낸곳　민음사

출판등록　1966. 5. 19. 제16-490호
주소　　　서울시 강남구 도산대로1길 62(신사동)
　　　　　강남출판문화센터 5층(06027)
대표전화　02-515-2000 | 팩시밀리　02-515-2007
홈페이지　www.minumsa.com

ⓒ오한기, 2025. Printed in Seoul, Korea

ISBN　978-89-374-1963-8 (04810)
ISBN　978-89-374-1940-9 (세트)

* 잘못 만들어진 책은 구입처에서 교환해 드립니다.